colección textos / 68

Con la colección TEXTOS, Editorial Planeta se ha propuesto ofrecer al público una serie de documentos que, por la personalidad de sus autores, por la importancia de su contenido, o por el impacto que su aparición causa en la opinión pública, son de lectura imprescindible para la cabal comprensión de los problemas socio-políticos de nuestro tiempo.
La colección TEXTOS se postula como complemento de la colección ESPEJO DE ESPAÑA, y como ella responde a una voluntad de testimonio abierto y objetivo.

Pronunciamientos
y golpes de Estado en España

Julio Busquets

Pronunciamientos y golpes de Estado en España

Planeta

COLECCIÓN TEXTOS
Dirección: Rafael Borràs Betriu
Consejo de Redacción: María Teresa Arbó, Marcel Plans y Carlos Pujol

Editorial Planeta, S. A., Córcega, 273-277, Barcelona-8 (España)
Edición al cuidado de Ester Berenguer
Diseño colección y cubierta de Hans Romberg (foto Salmer y realización de Jordi Royo)

Procedencia de las ilustraciones: Archivo Editorial Planeta, Cover, Europa Press y Mas

Primera edición: enero de 1982
Depósito legal: B. 42030 - 1981
ISBN 84-320-0638-6
Printed in Spain - Impreso en España
«Duplex, S. A.», Ciudad de la Asunción, 26-D, Barcelona-30

Índice

A Juan Carlos I, Rey constitucional de España, que el 23 de febrero de 1981 salvó la democracia. Con mi agradecimiento y desde el recuerdo de unas horas de angustia.

Las intervenciones militares

TRES PERÍODOS HISTÓRICOS

Carlos Banús, en su *Tratado de historia y arte militar*, escribió: «La palabra *pronunciamiento* indica que nos corresponde en esta materia el privilegio de la invención.»[1] Nada más cierto, ya que los términos castellanos «pronunciamiento» y «guerrilla» se usan sin traducir en todos los idiomas. No es, pues, de extrañar que cuando, en cierta ocasión, presentaron al presidente Castelar al general francés Boulanger, famoso por haber intentado un pronunciamiento en su país, Castelar exclamó: «¡Le conozco, se trata de un general español!» De todas formas, es preciso reconocer que la palabra «pronunciamiento» es sólo un eufemismo[2] que exime de emplear otro término malsonante

1. CARLOS BANÚS Y COMAS, *Tratado de historia y arte militar*, Barcelona, 1881, tomo 2, p. 23. Según Stanley Payne, el primero que usó esta palabra fue Riego el 3-1-1820. SAMUEL E. FINER, *The man on horseback*, Frederick A. Praegen, Nueva York, 1967, pp. 156 y ss., usa en castellano las palabras: pronunciamiento, cuartelazo, golpe de Estado, grito, compromiso, etc.

2. DANIEL R. HEADRICK, *Ejército y política en España (1866-1898)*, Tecnos, Madrid, 1981, p. 137.

y que designa un hecho delictivo: *rebelión*. Porque quien se pronuncia comete un delito de rebeldía, mucho más grave, por supuesto, que quien se niega a obedecer a su jefe militar por una razón personal.

Pues bien; la historia de las rebeliones militares de tipo político [3] comienza en 1814, año en el que finaliza la guerra de la Independencia (con las presiones de Elío para que Fernando VII restablezca el absolutismo, o con el pronunciamiento de Mina para restablecer el liberalismo), y ha tenido su última manifestación en la intentona del 23 de febrero de 1981 o en la conspiración del 23 de junio. Sería evidentemente erróneo presentar todas estas actuaciones, que cubren un período de casi dos siglos, como partes de un proceso homogéneo, ya que bajo una misma apariencia, se esconden hechos muy distintos por sus motivaciones y por sus resultados, y que además han ocurrido sin continuidad, puesto que la serie de rebeliones se ha roto dos veces durante unos cuarenta años, tiempo más que suficiente para cambiar las pautas de conducta de cualquier colectividad.

Concretando, la historia de las rebeliones militares puede dividirse en tres períodos: el primero abarca de 1814 a 1886 (pronunciamiento de Villacampa), y comprende las intervenciones decimonónicas conocidas generalmente con el nombre de *pronunciamien-*

3. Excluyendo los motines de tropa, históricamente frecuentes, pero debidos a malos tratos o falta de paga. Léase GEOFFREY PARKER, *El ejército de Flandes y el camino español (1567-1659)*, Revista de Occidente, Madrid, 1976, y RENÉ QUATREFAGES, *Los tercios españoles (1567-1577)*, Fundación universitaria española, Madrid, 1979.

tos; el segundo período va de 1923 (Primo de Rivera) a 1936 (guerra civil), y las intervenciones militares que se producen se consideran *golpes de Estado*; por último, desde 1978 se han producido varias rebeliones fracasadas en su preparación o en su ejecución, que podríamos llamar *conspiraciones e intentonas fascistas*.

Los pronunciamientos o intervenciones decimonónicas se deben a varias causas,[4] pero ante todo, objetivamente, a que en aquel momento histórico hay dos clases sociales que se disputan la dirección de la sociedad: la aristocracia aferrada al absolutismo y la burguesía que preconiza un nuevo régimen liberal. Cuando, con la Restauración (1874), el liberalismo se afianza y España entra en un período de estabilidad, caracterizado por el turno pacífico de dos partidos en el poder (época de Cánovas y Sagasta), se acaban los pronunciamientos.[5] Y aunque después se producen algunos provocados por la tenacidad de Ruiz Zorrilla y la Asociación Republicana Militar (el último en 1886), carecen de importancia. Entre 1886 y 1923, año este último del golpe de Primo de Rivera, no se produce ninguno. Hay, pues, un período de casi cuarenta años, o cincuenta si se excluyen los nada trascendentes in-

4. En esta obra se presta gran atención a las causas por las que se producen estas intervenciones. El tema se trata separadamente en los tres capítulos que siguen, para los tres tipos de intervenciones.

5. E. CHRISTIANSEN, *Los orígenes del poder militar en España (1800-1854)*, Aguilar, Madrid, 1974, p. 3: «La edad de oro de los pronunciamientos es de 1814 a 1874.»

tentos de la ARM, durante los cuales el Ejército español adopta las pautas de conducta de cualquier país occidental.[6] Y a este hecho no es ajena la actitud de los políticos. Así Castelar, que en épocas anteriores había alabado los pronunciamientos en favor de la libertad, desautoriza ahora la intervención del general Villacampa comentando que «nos han puesto a la altura de Haití o el Congo».[7] Dato, por su parte, contesta al general Weyler en el Parlamento, que la era de los pronunciamientos ha pasado ya.[8] Y lo más importante: Cánovas ya se había opuesto al pronunciamiento de Dabán y Martínez Campos en Sagunto, aunque al fin tuvo que aceptar los hechos consumados.[9]

Si el primer período de pronunciamientos responde a una pugna en la cúspide de la pirámide social, en la que la burguesía liberal intenta, y al fin logra, arrebatar a la aristocracia absolutista el liderazgo social, el segundo período, que se inicia con la intervención

6. HEADRICK, op. cit., p. 24, señala el mismo fenómeno para Latinoamérica: «Entre los años 1880 y 1920, la mayoría de países de América Latina disfrutaron de paz y prosperidad. En algunos casos, se llegó incluso a pensar que la era turbulenta de los golpes de Estado y las rebeliones había pasado... Sin embargo, la crisis del 29 trajo consigo una nueva intervención militar endémica desde entonces en toda Hispanoamérica.»

7. STANLEY PAYNE, *Los militares y la política en la España contemporánea*, Ruedo Ibérico, París, 1968, p. 48.

8. PAYNE, op. cit., p. 75.

9. Cánovas deseaba que la restauración se hiciese a través de una votación en las Cortes y se oponía a un pronunciamiento militar. Martínez Campos no sólo no contó con él; le dio el hecho consumado, lo que le irritó profundamente. Cánovas escribió un editorial para el diario de su partido, que no se llegó a publicar por la rápida dinámica de los hechos, en el que desautorizaba a Martínez Campos.

de Primo de Rivera y acaba con la guerra civil 1936-1939, responde a una lucha entre la base y la cúspide de aquella pirámide, en la que se han integrado ya los grandes burgueses y los aristócratas económicamente supervivientes, que forman una nueva clase propietaria. Contra ella pugna una clase obrera que, en aquel momento histórico, es explotada con dureza y maltratada por los propietarios. La sociedad española vive así un período de gran tensión y crispación, que arrastra a la institución militar [10] a intervenir, junto a grupos de la clase media (como el clero, los funcionarios, los graduados, etc.), al lado de la clase propietaria, o sea en el bando en el que se defendían los intereses de los propietarios contra los trabajadores (aun-

10. Uno de los más debatidos y polémicos temas de la guerra civil es precisamente éste: ¿se dividió el Ejército o, por el contrario, como aquí expongo, estuvo con la clase propietaria? Ciertamente hubo militares, incluso algunos de elevado rango y gran prestigio, que fueron fieles a la República, pero la gran mayoría estuvo con los sublevados. La difícil respuesta a esta cuestión consiste pues en saber cuánta cantidad hace calidad, o qué porcentaje de profesionales alineados «de buen grado» con la República es necesario para poder sostener que el Ejército se dividió, porque como es sabido, incluso Cordón en *Trayectoria* afirma que fueron sólo unos centenares. Personalmente, calculo que los que causaron baja después de la guerra (por exilio, consejo de guerra, depuración, etc.) oscilaron entre 3 000 y 5 000, pero la mayoría eran cabos antiguos antes de la guerra, aunque la acabaron como oficiales.

En Marina, la *Gaceta de la República* del 22-8-36 expulsó a 754 marinos (de almirante a cadete) y mantuvo sólo a 48, lo que significa que sólo el 5 % de los marinos estuvieron con la República. ¿Da derecho un 5 % a afirmar que la Marina se dividió o fue, más bien, la excepción que confirma la regla? Por el contrario, el muy técnico cuerpo de máquinas sí se dividió, aunque la mayoría de sus miembros estuvo en la zona franquista, según exhaustivo estudio sociológico del capitán de máquinas Antonio de la Vega.

que muchos militares, a nivel personal, no se daban cuenta de eso y sinceramente creían estar defendiendo sólo la unidad de España y la religión católica).

Es preciso, pues, subrayar la existencia de esta pugna para comprender lo que pasó en 1936 y sus diferencias respecto al momento presente. Porque —con independencia de todo juicio ético— debe reconocerse que el *golpe de 1923, como el de 1936, respondía a unas condiciones objetivas*, bien visibles y empíricamente verificables (a través, incluso, de la lectura de la prensa o de los *Diarios de Sesiones* del Congreso): la sociedad española vivía en aquella época una lucha de clases violenta, y se había creado una gran tensión, una crispación y un auténtico odio entre los trabajadores y los propietarios. Éstas eran las condiciones objetivas en las que aquella sociedad estaba, y los propietarios y las clases medias recibieron en general con alivio unas dictaduras militares, en 1923 y más en 1936, que les alejaban la amenaza de una revolución obrera. Por tanto, es preciso reconocer que los citados golpes de Estado tenían el apoyo de una parte de la sociedad, de la derecha, situación completamente distinta de la actual, ya que hoy no hay una sociedad dividida y enfrentada, como se demostró en la manifestación multitudinaria del 27 de febrero, sino unida en el apoyo a la Constitución y la democracia, amenazadas por el *voluntarismo político* de unos grupúsculos de militares alucinados, nostálgicos de la dictadura anterior.

En efecto, las intervenciones residuales del tercer período (1978-1981) intentan destruir un sistema de-

Rafael del Riego, teniente coronel que encabezó el pronunciamiento constitucionalista de Cabezas de San Juan en 1820.

mocrático, cuya Constitución ha sido aprobada gracias al voto de la gran mayoría de los españoles,[11] juntos los de derechas y los de izquierdas. Ésta es, pues, la gran diferencia entre las intervenciones del momento actual y las de los anteriores, ya que en la primera de las etapas históricas citadas, detrás del pronunciamiento está el enfrentamiento entre la aristocracia absolutista y la burguesía liberal; análogamente, en la segunda, detrás del golpe de Estado se encuentra el enfrentamiento entre las clases trabajadora y propietaria. Por el contrario, en los intentos del momento actual, hay sólo un grupúsculo de militares alucinados, que se enfrentan con la gran mayoría de sus compañeros de armas y la práctica totalidad de la sociedad española. En efecto, la Constitución de 1978, a diferencia de todas las anteriores de nuestra historia, ha sido elaborada conjunta y *consensuadamente* por la derecha y por la izquierda, y además ha sido aprobada con el voto de todos los grandes partidos. De ahí su especial grandeza: por su utilidad, porque no es sólo una hoja de papel, como se dijo, amargamente, de la Constitución de 1931, sino que es *instrumento de ar-*

11. El referéndum celebrado el 6-12-78 dio los siguientes resultados:

votos	afirmativos	15 706 078
»	negativos	1 400 505
»	nulos	133 786
»	en blanco	632 902
total		17 873 301

Las abstenciones reales son difíciles de calcular, ya que el último censo era de 1970, o sea de nueve años antes. Su total era 26 632 180 habitantes.

bitraje y de concordia, por lo que, probablemente, perdurará largo tiempo. Las anteriores, por el contrario, habían sido elaboradas a gusto de la izquierda y eran un *trágala*[12] para la derecha (las de 1812, 1869, 1873, 1931) o habían sido hechas para defender los intereses de la derecha y eran rechazadas por la izquierda (las de 1845, 1876, el Estatuto Real de 1834, las llamadas Leyes Fundamentales).

El *consensus* del 78, frente al trágala tradicional: éste fue el gran acierto de la clase política de la transición. Una clase política quizá sin genialidades, pero que hizo gala de una *prudencia política* como jamás se había tenido en toda la historia de España. El fruto de esta prudencia, de este *consensus*, tan vituperado por extremistas y maximalistas de uno u otro signo, fue que la intentona del 23 de febrero ha sido condenada por personas como Ferrer Salat, presidente de la CEOE, Rafael Termes, de la gran banca, y Garrigues Walker, ligado a las multinacionales, lo mismo que por los sindicatos obreros. Esto es claramente indicativo de que el grupúsculo de militares alucinados carece de soporte social, salvo el próximo a la delincuencia y el terrorismo de las tramas negras, y el paleocapitalismo corrupto, inepto y no competitivo que representa García Carrés y que necesita de las patentes, concesiones, privilegios y monopolios de la dictadura

12. El trágala era una canción afrentosa que los liberales se complacían en cantar para humillar a los absolutistas. Incluso Riego acostumbraba a ir con sus ayudantes a los mejores teatros de Madrid y la entonaba, obligando así, de hecho, a cantarla a todo el público, absolutistas incluidos, que se «la tragaban».

para sobrevivir, porque es incapaz de enfrentarse con la competencia empresarial en una sociedad sin privilegios para él.

LAS FORMAS DE EJECUTAR LA REBELIÓN

El desarrollo de la rebelión militar es distinto en los tres períodos históricos que se acaban de señalar. Y las diferencias aparecen incluso en el planteamiento, en el *motivo de la intervención*: en el primer período, los militares que se pronuncian lo hacen normalmente por unas claras razones ideológicas. Durante el reinado de Fernando VII (en realidad hasta 1873) los pronunciamientos son para restaurar la Constitución o para restablecer el orden absolutista. Después son en favor de la moderación o del progresismo, de la república o de la monarquía; en resumen, los pronunciamientos del primer período los llevan a cabo unos militares idealistas que movilizan a la tropa, para lograr unos objetivos políticos que concretan en una arenga que «pronuncian» ante aquélla, o en un manifiesto que lanzan al país. A menudo estos manifiestos son redactados por un político civil: «España con honra» de López de Ayala; el «Manifiesto del Manzanares» de Cánovas; el «Manifiesto de Sandhurst» en el que se apoyó Martínez Campos, etc. Es así en el caso de Riego, Prim, Ortega, Martínez Campos, etc.

Por el contrario, los más importantes pronunciamientos del segundo período se caracterizan por su falta de concreción ideológica. Son pronunciamientos más «anti» que «a favor de»,[13] y la razón está en que lo mismo en el golpe de Primo de Rivera que en el de Franco, sus autores *saben lo que no quieren, pero no saben lo que quieren.* Se levantan contra el extremismo, contra el desorden, contra el terrorismo, contra el separatismo, etc...; contra muchas cosas, y eso es lo que aglutina a los participantes en la rebelión, pero luego no hay un programa concreto, no hay una formulación ideológica, una convicción política como en los militares del XIX. Primo de Rivera se hizo con el poder sin saber exactamente qué sistema político iba a adoptar.[14] En el alzamiento del 36, la inconcreción es aún mayor, ya que mientras unos esperaban una inmediata restauración monárquica, otros deseaban una mo-

13. El manifiesto de Primo de Rivera —«No más allá»— demuestra claramente este aserto.

14. Léase en esta obra el epígrafe titulado «Primo de Rivera sembró la mala semilla», p. 91. Por otra parte, hay múltiples pruebas de su incoherencia y cambios básicos. Por ejemplo, su golpe se dio con el apoyo de los catalanistas, pero poco después, el 9 de enero de 1924, se entrevistó con los dirigentes catalanes más moderados para intentar convencerlos de la necesidad de reformar la Mancomunidad de Diputaciones, que acabó aboliendo, en contra de lo prometido cuando se pronunció. Análogamente, su política respecto a Marruecos, que había sido siempre abandonista, cambió después de la famosa comida en el cuartel de la Legión, a base de huevos (día 19 de julio de 1924, Ben Tieb, Melilla). Dijo también que gobernaría 90 días, y después de siete años dimitió por presión del Rey, etc.

narquía no parlamentaria encarnada en el pretendiente carlista, unos terceros un Estado más o menos fascista y otros simplemente una República más autoritaria y conservadora.

Pero donde la confusión mental alcanza sus máximas cotas es en los intentos involucionistas del tercer período, contra la democracia actual, cuando el 23 de febrero Tejero y Armada se enfrentan, porque Tejero desea una junta militar presidida por Milans del Bosch y Armada pudrir la democracia desde dentro haciéndose elegir jefe de gobierno por el Parlamento. El resultado de la discusión es que Tejero impide a Armada el aceso al hemiciclo y con ello la posibilidad de la investidura.[15] Eran cuatro y no fueron capaces de ponerse de acuerdo para lo que tenían que hacer en la primera hora. ¡Adónde habrían llevado a España!

Las mismas diferencias notorias se encuentran en la *forma de reclutar la tropa* que debe realizar la rebelión. En el siglo XIX vemos a unos militares caballerescos, que forman las fuerzas bajo su mando y, en brillante arenga, con claridad y sinceridad, les anuncian sus propósitos. Y la tropa en general les aclama y les sigue, compartiendo sus riesgos. Pero no siempre ocurre así, y a veces los motivos de la rebelión no son compartidos por los inferiores, que abandonan al jefe que se pronuncia; eso, por ejemplo, les ocurre a Mina (1814), Porlier (1815), Lacy (1817), Ortega (1860), Cebrián (1883), etc. En el segundo período es ya distinto.

15. *Diario-16*, de Madrid, «La conspiración», serie que comenzó el 30-4-81, recogiendo básicamente las declaraciones del Sumario.

Primo de Rivera se limitará a convocar a los jefes de unidad en la capitanía de Barcelona, la tropa se utiliza sin ser consultada ni advertida. En cuanto al 18 de julio, los supervivientes de uno u otro bando saben, recuerdan aún, cómo pesaron las que durante años se llamaron «las razones geográficas», las lealtades geográficas, en bastantes casos, en los que la obediencia al jefe de la propia unidad o el compañerismo se impusieron por encima de las opciones ideológicas personales... Pero cuando la forma de reclutamiento de los participantes en la rebelión toma caracteres totalmente antagónicos a los del siglo pasado y opuestos a toda tradición militar es el 23 de febrero del 81. Ese día los jefes de la tercera región militar y algunos de la División Acorazada son engañados por unos rebeldes que usan indebidamente el nombre del Rey en unos casos, y de las operaciones militares de seguridad en otros [16] y los utilizan en contra del pueblo español. Es notoria la zafiedad con que se recluta a unos guardias civiles que creen ir a realizar una operación contra la ETA, y se encuentran después con que han tomado el Congreso de los Diputados,[17] y un capitán general publica

16. Existen ciertas operaciones para la seguridad del Estado, que implican la ocupación de los centros neurálgicos por fuerzas militares. Es el caso de la «Operación Diana», que pensada para la seguridad del Estado, fue puesta en marcha en Valencia para la destrucción de la democracia.

17. El autor de estas líneas habló con algún guardia civil que había llegado allí sin saber dónde iba. La mayoría fue engañada, aunque un reducido grupo, posiblemente compuesto por quienes irrumpieron primero y por los que se hallaban en el hemiciclo, estaban totalmente entusiasmados con el golpe y se les notaba el

un bando en el que se refiere a «un vacío de poder» creado, en realidad, por quien se acababa de poner a sus órdenes.

Después de completarse puntualmente este primer acto de la rebelión, la unidad que se pronuncia (sea cual fuere su tamaño, aunque se trate de una capitanía) espera a que se produzca el *efecto dominó*. Aquí está una de las *claves del éxito o fracaso* del golpe. Si el efecto dominó se desencadena, la intervención triunfa; en caso contrario, fracasa. Porque la extensión de España y las dimensiones de sus tres Ejércitos hacen imposible —por razones de discreción— que participen en la conspiración suficientes militares para inclinar la balanza del poder en favor de los sublevados desde el primer momento. Riego triunfa porque su grito resuena en Galicia, Barcelona, Zaragoza, etc. Los sargentos de La Granja (1836), porque la rebelión está generalizada en toda España, y lo mismo ocurre en los dos pronunciamientos victoriosos de Prim, cuando en 1843 consigue declarar mayor de edad a Isabel II, y cuando en 1868 logra expulsarla de España. Cuando, por el contrario, la rebelión queda aislada, y los ejemplos son muchos, está condenada a no prosperar. Ahora bien, es preciso señalar que aun cuando este movimiento de solidaridad generalizado —que aquí llamamos *efecto dominó*— es más o menos espontáneo, hay un factor que puede actuar, y de hecho

---

desprecio y el odio hacia la democracia. Sobre el 23-F léase el último capítulo de esta obra.

ha actuado en algunas ocasiones, como *dinamizador o neutralizador: la Corona.* Sin el apoyo de Alfonso XIII el golpe de Primo de Rivera habría sido un fracaso,[18] y sin la decidida y valerosa actuación de nuestro Rey, posiblemente ya no habría democracia en España. Por último, conviene señalar un factor nuevo que incide en la presente etapa histórica: *la fuerza de los medios de comunicación social,* que posibilitan el repudio generalizado del ciudadano medio, que oyó las ráfagas en el Congreso, y la enorme fuerza del Rey hablando por la televisión al Ejército y al pueblo. Porque, evidentemente, de nada habría servido la posición ética del monarca si no hubiese contado con la poderosa arma de la televisión, que le dio más fuerza militar que a nadie en España.[19]

LOS RESULTADOS: «O LA FAJA O LA CAJA»

Como es lógico, las consecuencias de la intervención son totalmente distintas en función del resultado, el éxito o el fracaso. En España, la gran mayoría de los

18. Léase en esta obra el epígrafe titulado: «Breve relato histórico: el Ejército y la dictadura», p. 114.

19. Además de la radio, especialmente de la cadena SER, cuyo locutor Rafael Ruiz Díaz permitió que toda España oyese en directo lo que ocurría; los teléfonos, gracias a los cuales el Rey pudo

pronunciamientos han fracasado. Los que triunfaron no llegan a una docena. Fueron los siguientes:

1814	Elío	Absolutismo
1820	Riego	Constitución de 1812
1834	Quesada	Estatuto Real
1836	García	Constitución de 1837
1843	«Coalicionistas»	Mayoría de edad de Isabel II
1854	«Vicalvarada»	Gobierno progresista y Constitución de 1856
1868	Serrano y Prim	Derrocamiento de Isabel II. Constitución de 1869
1874	Pavía	Fin de la república parlamentaria
1874	Martínez Campos	Restauración de la monarquía. Constitución de 1876
1923	Primo de Rivera	Dictadura militar
1936	Franco	Guerra civil y dictadura

Como se puede ver claramente, de la anterior relación se desprende que las intervenciones del XIX, los pronunciamientos, no tienen por objeto desplazar o sustituir el poder civil por el militar sino, simplemente, lograr la implantación de un determinado régimen político y el gobierno de unas u otras instituciones, pero en ningún caso los militares pretenden suplantar las instituciones civiles, ni acumular ellos el poder político civil. Todo lo contrario ocurre en el siglo XX, cuando lo mismo Primo de Rivera que Franco impo-

---

establecer rápido contacto con los capitanes generales y darles órdenes; periódicos como *El País* que con gran rapidez y riesgo sacaron ediciones extraordinarias en apoyo de la Constitución; y, por último, la televisión, que al emitir el mensaje del Rey decidió la suerte.

José María de Torrijos, militar liberal, que en 1830 fue fusilado junto a sus compañeros, tras intentar desembarcar en Algeciras para poner fin al absolutismo de Fernando VII.
(Cuadro de A. Gisbert, Museo de Arte Moderno de Madrid.)

nen dos dictaduras de excesiva duración.[20] El desarrollo de una y otra presentó notables analogías, excepto en lo incruento de la primera y lo tremendamente cruento de la segunda. Ante todo, se crea una junta militar, que en ambos casos tendrá una duración limitada. La de Primo de Rivera, que se llamó Directorio Militar y estaba formada por ocho generales y un almirante, duró hasta el 3 de diciembre de 1925. La Junta de Defensa, presidida por Cabanellas, duró hasta el 1 de octubre del 36, Día del Caudillo, en el que Franco fue nombrado generalísimo del Ejército y jefe del gobierno, autonombrándose además jefe del Estado.[21] Desde el nuevo cargo, Franco designó una «junta técnica» de siete miembros, seis de ellos militares, y gobernó con ella hasta el 30 de enero de 1938, fecha en que formó su primer gobierno.

Posteriormente, ambos dirigentes —Primo de Rivera y Franco— ensayaron lo que Finer ha llamado una dictadura dual,[22] o sea un sistema de poder en

20. La de Primo de Rivera tuvo menor duración porque al haberse mantenido la presencia del Rey, éste pudo destituirlo. Léase en esta obra el epígrafe titulado: «Breve relato histórico: el Ejército y la dictadura», p. 114.

21. Franco fue elegido en una reunión celebrada en el aeropuerto de San Fernando (Salamanca) el 28 de septiembre del 36, por los generales Mola, Queipo, Orgaz, Gil Yuste, Saliquet y Dávila y por los coroneles de la UME (Unión Militar Española) Montaner y Moreno Calderón. Cabanellas fue el único asistente a la reunión que no le votó. El decreto firmado por Cabanellas, que era entonces el presidente de la junta, nombró a Franco jefe *del gobierno*, pero él desde el principio comenzó a firmar como jefe *del Estado.*

22. S. FINER, *Los militares en la política mundial*, Ed. Sudamericana, Buenos Aires, 1969, p. 228.

el quc el dictador cuenta con dos apoyos, el Ejército y un partido único civil, la Unión Patriótica de Primo de Rivera y la Falange Española Tradicionalista de Franco, creada esta última el 19 de abril de 1937. En ambos casos también se dispuso de un legislativo domesticado, una cámara más o menos corporativa, de aplauso y amén, y se sustituyeron las elecciones libres por unos referéndums apañados, merced a los cuales los dictadores lograron, como en todas las dictaduras del mundo, sean del Este o del Oeste, más del 95 % de votos favorables. En realidad, con todos estos «tinglados» buscaban una inaccesible legitimidad política y un reconocimiento internacional que les costó mucho adquirir.

Si del análisis de los golpes exitosos pasamos al de los fracasados, que han sido la inmensa mayoría, lo primero que observaremos es que la ley ha sido extraordinariamente dura para los jefes de la rebelión militar. La exclamación de Prim «*O la faja o la caja*» [23] era una gran verdad: el vencedor solía recibir la faja de general [24] y el perdedor, el ataúd, es decir, la caja. A veces tenía suerte y lograba poner tierra de por medio, pero normalmente los perdedores pagaron con su vida el intento: fueron ahorcados sin consideración

23. Paseando por las Ramblas de Barcelona fue abucheado por algunos, que le increparon diciéndole: «Éste lo que quiere es la faja», forma elegante de llamarle ambicioso. Él los corrigió: «O la faja o la caja», que era el otro posible resultado de su lucha.

24. En aquella época, los brigadieres no eran generales (actualmente pasa lo mismo en Portugal). El grado más bajo del generalato, con derecho a la faja, era el de mariscal de campo, o sea general de división.

alguna a su graduación militar Porlier (1815), Richard (1816), Vidal (1819), los hermanos Bazán (1826) y el Empecinado (1825), acusado este último de una conspiración que no existió. También fueron ajusticiados, años después de triunfar, cuando la suerte les fue adversa, Elío (1822) y Riego (1823). Con el tiempo, sin dejar de ser la muerte el castigo que se imponía al rebelde, la sentencia pasó a ejecutarse con mayor dignidad, sin vejar innecesariamente al reo. Así, murieron fusilados Lacy (1817), Bessières (1825) y 8 de sus oficiales; Torrijos (1831) con 32 de sus compañeros; 5 generales y unos 200 oficiales en 1841; Pantaleón Bonet y 24 subalternos en 1844; Solís y 12 oficiales en 1846; Fulgosio y varios oficiales en 1848; el capitán general Ortega en 1860; 66 sargentos del cuartel de San Gil en 1866; el comandante Ferrándiz y el teniente Belles en 1884; Bartual en 1886; Sánchez Moya, maquinista del *Numancia*, en 1911; Galán y García Hernández en 1930, y gran número de militares en la guerra civil.[25] Otros murieron en el combate que se produjo como consecuencia de la rebelión —por ejemplo, el brigadier Hore en 1854— o asesinados por sus pro-

25. El autor de esta obra realizó un exhaustivo estudio de la suerte que corrieron 700 tenientes de las tres promociones de la Academia General Militar (2.ª época) como consecuencia de la guerra civil. En la zona republicana fueron fusilados 84 y en la «nacional», 5. Entre los generales, según estudios de RAMÓN SALAS LARRAZÁBAL, *Los datos exactos de la guerra civil*, Ed. Rioduero, Madird, 1980, pp. 65 y ss., los nacionalistas dieron muerte a 8 generales y los republicanos, a 21, y de la Marina a 3 y 11, respectivamente. En total, 43, de los que 11 fueron fusilados por los «nacionales» y 32 por los republicanos.

pios hombres, que no deseaban sublevarse, como el teniente Cebrián en 1883. Algunos fueron condenados a muerte e indultados, como Villacampa en 1886, al que se le conmutó la pena capital por la de cadena perpetua, condena, esta última, que también se impuso a Gallego (1885) y Sanjurjo (1932). Por último, los más afortunados lograron salvar la vida cruzando la mar o la frontera, como Mina en 1814 y en 1830, Milans del Bosch en 1817, Fernández de Córdoba en 1838, Narváez y O'Donnell en 1841, Serafín Asensio y la guarnición de Badajoz, y Fontcuberta con la de Seo de Urgel en 1883, Casero en 1885, Queipo de Llano y Ramón Franco en 1930, y el general Barrera en 1932.

Otra curiosa diferencia entre los protagonistas de los pronunciamientos está en la diferente forma de asumir la responsabilidad de sus actos. En el primer período hay además una auténtica y romántica estética de la muerte de la que se tratará más adelante.[25 bis] En el segundo período una enorme dignidad, que lleva a Galán y a Sediles a afrontar la muerte cuando podían haber huido o a Lapuente Bahamonde, primo hermano del dictador que lo hizo fusilar, a morir gritando «¡Viva España!» y levantando la mano izquierda cerrada al estilo socialista... ¡Qué diferente actitud la de los líos y marrullerías de los procesados tras el 23-F!

25 bis. Léase en esta misma obra el epígrafe titulado «Otras causas de los pronunciamientos decimonónicos», p. 56 y especialmente la nota 15 bis. También José María Jover: *Conciencia obrera y conciencia burguesa en la España contemporánea,* colección: «O crece o muere«, Ateneo de Madrid, 1952.

Contra lo que suele creerse, y contra lo que ha ocurrido a los guardias civiles que asaltaron el Congreso (la mayoría de los cuales fueron engañados, pero otros estaban muy identificados con los rebeldes), la tropa que participaba en las rebeliones era también juzgada y, normalmente, condenada. En 1886, por ejemplo, unos 200 soldados de los regimientos de Albuera y Garellano, que se sumaron con sus jefes naturales a la rebelión del general Villacampa, fueron enviados al presidio de Jadú, en Ceuta, donde pasaron bastantes años. Por el contrario, a los soldados del regimiento de Numancia que mataron al teniente Cebrián, que se pronunció en 1883 en Santo Domingo de la Calzada, se les concedió un ascenso.

OTRAS FORMAS DE INTERVENCIÓN: LAS PRESIONES DE LOS GENERALES

Además de las rebeliones militares, llámense pronunciamientos o golpes de Estado, existen otras formas de intervención que podríamos denominar *pasivas, oblicuas* o de *guante blanco* (en oposición a las rebeliones que son activas, directas y a veces brutales, cruentas) y que consisten en la *coacción incruenta del poder*[26] efectuada por quienes pueden hacerla, o sea por algún jefe militar de máxima graduación (en España, capitán general) o por un amplio grupo de oficiales.

La propuesta de Elío a Fernando VII, desde la capitanía de Valencia, para abolir la Constitución (1814) o las exposiciones de Llauder y Quesada, desde las capitanías de Cataluña y Castilla respectivamente, pidiendo a la viuda de aquel monarca lo que hoy llamaríamos una apertura política (1834), son ejemplos claros de cómo los capitanes generales podían presionar sobre el poder político, sin necesidad de incurrir en rebelión militar, en aquellas épocas en las que el jefe del Estado tenía suficiente poder para cambiar el régimen. En efecto, Elío logró el restablecimiento del absolutismo y Llauder y Quesada, su fin, con el Estatuto Real de 1834.

Un siglo después, cuando la Constitución está suspendida y el jefe del Estado vuelve a tener un poder indefinido, este modelo de intervención militar reaparece, y Primo de Rivera es «borboneado» por Alfonso XIII que ha recibido dos recados en este sentido de su primo, el capitán general de Andalucía.[27] Asimismo a Franco le pidieron la restauración de la monarquía Aranda, siendo capitán general de Valencia, al acabar la guerra, Kindelán en 1943 y Juan Bautista Sánchez

26. FINER, op. cit., p. 186. LUIS SÁNCHEZ AGESTA, *Historia del Constitucionalismo español*, Instituto de Estudios Políticos, Madrid, 1955, p. 177.

27. Léase en esta obra el epígrafe titulado «Breve relato histórico: el Ejército y la dictadura», p. 114.

en 1957, desde la capitanía de Cataluña. Pero la mayor presión en favor de la restauración fue la carta que en 1943 le entregó Varela y que estaba firmada por ocho tenientes generales, de un total de 13 que había entonces.[28]

Durante la transición hacia la democracia, las presiones de la cúpula militar vuelven a producirse el Sábado Santo de 1977, cuando el gobierno legaliza el Partido Comunista. Los capitanes generales, reunidos en el Consejo Superior del Ejército, redactan una nota conjunta en la cual manifiestan que tal legalización ha producido «una repulsa general en todas las unidades del Ejército». A continuación, el almirante Pita da Veiga, ministro de Marina, dimite por la misma razón.

Otro nuevo caso se presentó pocos meses después, en octubre del mismo año, cuando una reducida comisión de parlamentarios de los distintos partidos estaba redactando la ley de amnistía. El autor de estas líneas, que pertenecía a la citada comisión, recuerda perfectamente que cada vez que se rozaba el tema militar, la discusión se agarrotaba y los representantes de UCD, que personalmente también eran partidarios de incluir a los militares en la ley, tenían que ir a la Moncloa a consultar. Cuando ya íbamos por la enésima salida de Rafael Arias Salgado, y a fin de que la ley pudiese ser aprobada sin incluir a los militares, aquél nos contó que había acudido al despacho de Gutiérrez Mellado. Lo encontró rodeado de un numeroso grupo de genera-

28. Léase en esta misma obra el epígrafe titulado «Tenientes generales contra la dictadura de Franco», p. 137

les, profundamente serios y que no abrieron boca, y ante los cuales Gutiérrez Mellado dijo que si se concedía la amnistía militar él no estaba en condiciones de mantener la disciplina, que el Consejo Supremo de Justicia Militar invalidaría la ley (!), que él dimitiría y que no respondía de lo que pudiese ocurrir.[29] Ante estas palabras —o estos peligros—, los partidos políticos tuvieron que renunciar. Yo no firmé el protocolo y al día siguiente voté contra esa ley.[30]

Por último, la dimisión de Suárez como presidente del gobierno desencadenó el rumor de que la presentaba como consecuencia de presiones militares. Había en su discurso de despedida una enigmática frase que daba pie a las suposiciones: «Me voy porque no quiero que por mi causa la democracia sea, una vez más, un paréntesis en la historia de España.» Después del 23-F, los ultras hicieron correr que tal presión fue realizada por los capitanes generales Milans del Bosch, Merry Gordon y González del Yerro.[31]

29. La revista *Interviu*, en sus páginas especiales dedicadas a la actividad de las Cortes, lo publicó también.

30. Ley 46/77 del 15 de octubre de 1977. Los artículos dedicados a los militares, y que fueron impuestos de la forma aquí explicada, resultaron tan escandalosos, que poco después el gobierno promulgó el Real Decreto 6/78 del 6 de marzo de 1978, por el que se concedían ciertas ventajas económicas a los militares profesionales que habían combatido en el Ejército de la República.

31. *El Periódico*, de Barcelona, día 7-8-81.

EL PLANTE DE OFICIALES

Cuando quienes desean presionar sobre el poder político son los oficiales, como individualmente no tienen fuerza para hacerlo, han de presionar colectivamente. Pero como, a su vez, la colectividad es difícil de mover por motivos puramente ideológicos, se hace necesario mezclar las razones políticas de fondo con otras corporativas que arrastren a la necesaria mayoría, por lo que estas intervenciones suelen ser mixtas, híbridas, a medias políticas y a medias profesionales. El llamado plante de oficiales viene a situarse a medio camino entre la *presión política* de los generales y el *motín* de la tropa, que históricamente ha estado motivado, en la gran mayoría de los casos, por razones económicas o sociales (problemas de paga, rancho, mal trato, etc.).

Sánchez Agesta[32] señala como prototipo de esta intervención la de Pozuelo, en la que «el pronunciamiento reviste la forma de un plante de oficiales que piden o se toman sus licencias para no servir a los que, según ellos, eran ministros ineptos y odiosos;

32. SÁNCHEZ AGESTA, op. cit., p. 178.

Baldomero Fernández Espartero, general que desempeñó el cargo de regente de España durante la minoría de Isabel II (1840-1843).

el general restablece la disciplina con blandura... y el gobierno cambia». Durante el interregno se producen dos sucesos parecidos. En primer lugar, los oficiales de Artillería plantearon un problema de fondo político aunque de apariencia corporativa, que acarreó la disolución del Arma y la caída de Amadeo I.[33] Medio año después, otro plante de oficiales exigiendo el restablecimiento de la pena de muerte provocó la dimisión del presidente Salmerón.[34]

A principios de este siglo se produjeron dos hechos en Barcelona de los que fueron protagonistas los oficiales, y que también provocaron varios cambios de gobierno. En primer lugar, en 1905, unos 300 oficiales asaltaron la redacción de dos periódicos, provocando la caída del gobierno y la aprobación de la llamada ley de jurisdicciones.[35] El segundo problema fueron las Juntas de Defensa, que crearon tales tensiones, que varios gobiernos dimitieron por su causa (Romanones el 10-5-17, García Prieto el 9-6-17, Eduardo Dato el 25-10-17 y de nuevo García Prieto el 19-3-18).[36]

Durante los últimos años del franquismo y en la transición, se produjeron algunos hechos de este estilo: en diciembre de 1970, a raíz del famoso proceso de Burgos contra varios dirigentes de la ETA, se ce-

33. Léase en esta misma obra el epígrafe titulado «El Ejército y la revolución de 1873», p. 83.
34. Léase en esta misma obra el epígrafe titulado «El Ejército y la revolución de 1873», p. 83.
35. Léase en esta misma obra el epígrafe titulado «El repudrimiento de la disciplina», p. 102.
36. Léase en esta misma obra el epígrafe titulado «El repudrimiento de la disciplina», p. 102.

lebraron varias reuniones de capitanes en Madrid, en la Escuela de Aplicación de Caballería, en las que se firmó una carta, de contenido más bien ultra, que contribuyó a yugular la tímida apertura de Carrero Blanco [37] y a desencadenar la última apoteosis franquista de la plaza de Oriente. Menor importancia tuvo un intento realizado por algunos capitanes ultras que convocaron una reunión en el Casino Militar de Madrid en 1978. La reunión fue descubierta por los servicios de Información, que la neutralizaron, y la convocatoria fracasó por la actitud disciplinada de un jefe de clase de la Escuela de Estado Mayor, que impidió la asistencia de los alumnos de dicho centro y dio parte por escrito de los organizadores. Como consecuencia del parte, fueron separados de la docencia un par de profesores y el teniente general director de la Escuela Superior del Ejército pasó a la reserva. Por último, a raíz del atentado de ETA contra el teniente general Valenzuela, se produjo en Madrid una crispación que dio lugar a una reunión de jefes. Éstos remitieron un mensaje al gobierno, a consecuencia del cual quizá se tomaron algunas medidas espectaculares, como cubrir con tropa la frontera de Navarra.[38]

37. En los años 1969 y 1970, cuando López Bravo inició la Ostpolitik; Villar Palasí reformó la enseñanza y creó las universidades autónomas; Fernández Miranda cambió las camisas azules por camisas blancas acelerando el proceso de desmontar lo que quedaba del Movimiento; y, sobre todo, Garicano Goñi sustituyó a Camilo Alonso al frente del Ministerio de la Gobernación.

38. Un país con una policía altamente eficaz, como Inglaterra, tiene el problema del terrorismo del IRA desde hace muchos más años. Ha sufrido muchas más bajas y, sin embargo, sabe actuar

RESUMEN: TIPOLOGÍA DE LA INTERVENCIÓN MILITAR

En resumen, las intervenciones militares pueden ser de dos tipos: rebeliones abiertas o intervenciones indirectas. En España las rebeliones abiertas tienen tres períodos claramente diferenciados: llamándose pronunciamientos a las del primer período (siglo XIX) y golpes de Estado a las del segundo (siglo XX).[39]

Las intervenciones indirectas, oblicuas o pasivas, pueden clasificarse, como las anteriores, con distintos criterios. En mi opinión, sin embargo, la mayor diferencia nace de la graduación de sus protagonistas, de que sean oficiales o grandes generales.

Los plantes de oficiales son siempre colectivos, y tienen tres posibles formas de manifestarse: violenta

---

con mayor serenidad frente a los atentados, consciente de la gran dificultad de la solución. Expertos en lucha antiterrorista afirman que cuando ya se tiene una policía perfectamente adiestrada para esta tarea (lo que aún no es nuestro caso), se tardan varios años en erradicar el terrorismo.

39. CURZIO MALAPARTE escribió en 1931 una popular obra, *La técnica del golpe de Estado*, según la cual, éste se da sobre los órganos dirigentes del Estado, mientras que el pronunciamiento es el grito lanzado desde una unidad militar. La clasificación, todo lo válida que se quiera, no encaja con el lenguaje usado en España, pues según Malaparte deberíamos hablar del golpe de Pavía y del pronunciamiento de Primo de Rivera, lo que implicaría forzar el lenguaje coloquial y también el académico. Por eso aquí no utilizo su clasificación.

y tumultuosa (ejemplo: asaltos a la prensa que dieron lugar a la ley de jurisdicciones), corporativa, a base de reuniones y asociaciones (ejemplo: Juntas de Defensa); y, por último, peticiones colectivas circunstanciales, que en general se expresan por escrito.

Las presiones de generales pueden ser individuales o colectivas, y ambas a su vez hechas desde un centro institucional (Ministerio, Vicepresidencia, Consejo Superior del Ejército) o desde un mando militar o capitanía.

Por último, en la reciente democracia, las Fuerzas Armadas, a través del Ministerio y del partido en el gobierno, presionan [40] en el Legislativo para imponer sus criterios, pero esta presión es legal, aunque al político y al ciudadano medio le resulte enojosa, y de hecho la ejercen casi todas las corporaciones (empresarios, eclesiásticos, catedráticos, jueces) en España y en las restantes democracias occidentales. En la legislación aprobada desde junio del 77 hay abundantes ejemplos de ello. (Ley de Reforma del Código de Justicia Militar, etc.)

En las páginas que siguen se relatan extensamente muchos casos que ilustrarán al lector sobre esta tipología aquí esquemáticamente expuesta.

40. FINER, op. cit., trata abundantemente de este tipo de presiones, señalando muchos casos de las democracias occidentales. En realidad, este tema pertenece a otra parte de la ciencia política, pues queda más próximo al tema de los grupos de presión, sobre los cuales existe en España abundante bibliografía: FINER, *El imperio anónimo*, Tecnos; LILIÁN DE CELIS, *Los grupos de presión en las democracias contemporáneas*, Tecnos; FINER, *Los militares en la política mundial*, Sudamericana, etc...

Los pronunciamientos del siglo XIX (1814-1874)

ANTECEDENTES HISTÓRICOS: LOS MILITARES POLÍTICOS DEL SIGLO XVIII

En el siglo XVIII, se confundían en las mismas personas el alto mando militar y la pertenencia a la gran nobleza, entre otras cosas porque el mando de los ejércitos en guerra o de las Capitanías en paz, recaía forzosamente sobre parientes del Rey o sobre grandes de España. Don Juan de Austria, el cardenal infante Fernando, Alejandro Farnesio, el duque de Alba, el duque de Saboya, el marqués de Espínola, el duque de Medina Sidonia, etc., eran precisamente jefes de ejércitos o armadas por su origen social, y como éste era el que les convertía en cortesanos, en acompañantes y amigos del Rey absoluto, y en personas que participaban, a través del monarca, en el gobierno de la nación, era inevitable que los grandes jefes militares intervinieran en política, no por su condición de jefes militares, sino por la de nobles.

Después de la guerra de sucesión, en la que los grandes de España se mostraron incompetentes y cambiadizos, la Corona intentó —según Raymond Carr—[1] sustituirlos por nobles de rango inferior, hombres de leyes o «golillas», por usar la palabra que acabó imponiéndose. En efecto, los golillas —o, si se prefiere, la pequeña nobleza ilustrada— se adueñaron del aparato del Estado con los Borbones desplazando a la gran nobleza militar, que para recuperarlo realizó tres conspiraciones a lo largo del siglo XVIII, en las que podemos ver los antecedentes de los pronunciamientos. El primer intento fue en 1754, a raíz de la caída del marqués de la Ensenada, momento en el que casi todos los actores pertenecen al mundo militar.[2] El segundo fue en 1766, tras la rebelión popular llamada motín de Esquilache, cuando el conde de Aranda, jefe de la gran nobleza militar que algunos llaman partido aragonés, es nombrado presidente del Consejo de Castilla y capitán general de Madrid, cargo desde el que gobierna la capital hasta 1773, de una forma prácticamente dictatorial y represiva.[3] El tercer intento fue

1. RAYMOND CARR, *Historia de España 1808-1936*, Ariel, Barcelona, 1970, p. 55.

2. JOSÉ RAMÓN ALONSO, *Historia política del Ejército Español*, Editora Nacional, Madrid, 1974, p. 34. El duque de Huéscar era general de Caballería; Ricardo Wall, teniente general; el marqués de Valparaíso, general; Campillo llegó a capitán general honorario; Sebastián Eslava, capitán general. Alcanzó dicho grado honorario el marqués de la Ensenada y fueron tenientes generales Julián de Arriaga y el marqués de Castejón.

3. Godoy comentó en sus memorias: «Circunstancialmente restableció el sosiego, pero la fuerza y el rigor lo hicieron todo. Una multitud de suplicios, muertes secretas en las cárceles, tormentos, juzgados especiales, sentencias arbitrarias, condenas rigurosas sin precederlas ningún juicio y desapariciones de personas y familias cuyo destino fue ignorado dieron a Madrid la tranquilidad del terror y frenaron los ánimos.» (Tomado de J. R. ALONSO, p. 54.)

en 1807, en el complot del Escorial y más concretamente en el motín de Aranjuez (1808), que determinó la caída de Godoy,[4] dirigente de la pequeña nobleza civil, la abdicación de Carlos IV y la coronación de Fernando VII como Rey de España.

Por otra parte, durante el siglo XVIII los antiguos virreyes de Aragón, Cataluña, Valencia y Mallorca son sustituidos por capitanes generales, y también son militares los virreyes de México, Perú o del Plata, lo mismo que los capitanes generales de Cuba, Filipinas, Colombia o Chile, y desde estos cargos los citados generales ejercen un mando más político que militar, ya que en el siglo XVIII no existían órganos periféricos de la administración civil del Estado. No había delegaciones provinciales de los distintos ministerios, ni siquiera gobiernos civiles, y por tanto las competencias de la administración central incumbían en su totalidad a los capitanes generales, sucesores de los virreyes de los siglos anteriores. Christiansen ha comentado que el marqués de Mina, por ejemplo, siendo capitán general de Cataluña, gobernó «más como un soberano independiente que como un súbdito investido con una autoridad delegada. Por su propia iniciativa modernizó el puerto, trazó el paseo, desaguó las calles, alentó las industrias y edificó la barriada de la Barceloneta; entraba en sus funciones remediar el desempleo, establecer el precio del pan, el abastecimiento, así como el orden público y la defensa local. En otras partes, el

4. CARR, op. cit., p. 55.

cuadro era análogo: los capitanes generales eran los principales factores de los progresos por los cuales se distinguió el régimen de los Borbones, y fueron sus oficiales y sus soldados los que nivelaron y construyeron los nuevos canales y carreteras, los que obligaban a las cuarentenas y los que cobraban los impuestos, los que expulsaron a los jesuitas (1767) y acosaron a los gitanos (1784)».[5] Tales actividades y atribuciones y la constante suplantación de la esfera civil del Estado (debida fundamentalmente a que ésta no tenía aún suficiente desarrollo) creaban en el militar la tendencia a intervenir en la actividad civil. Es lógico pensar que un Ejército que tiene a su cargo desde el orden público hasta la recaudación de impuestos tenderá a opinar y a intervenir en el gobierno de la sociedad.

LA GUERRA DE LA INDEPENDENCIA ROMPIÓ LA UNIDAD DEL EJÉRCITO

A todos estos hechos, anteriores a la guerra de la independencia, y que por tanto sólo podían incidir en los hábitos o la mentalidad de los militares ingresados en el Ejército antes de dicho conflicto (1808-1814),

5. E. CHRISTIANSEN, *Los orígenes del poder militar en España*, Aguilar, Madrid, 1974, p. 11.

Diego de León, general moderado que en 1841 participó en la sublevación militar que pretendía derrocar al entonces regente Espartero. (Estampa de la época que representa al general Diego de León atacando el Palacio Real.)

hay que añadir el profundo trauma que éste causó en la institución, al romper la estructura social de la misma.

En efecto, antes de la guerra la oficialidad pertenecía mayoritariamente a la aristocracia, y el grado era, en líneas generales, correspondiente al rango de nobleza; como es lógico, las necesidades de la contienda trastocaron este orden, forzando la elección de los más aptos, los cuales no tenían por qué ser de origen aristocrático. Con ello, al restablecerse la paz existían oficiales, incluso generales, de diversas procedencias,[6] y cuando Fernando VII intentó reconvertir el Ejército de acuerdo con la mentalidad anterior, estamental y clasista, empujó a los nuevos militares hacia el liberalismo, al concienciarlos de que para su avance profesional era necesaria la instauración de un régimen que acabase con las diferencias de sangre. Las procedencias que por estas u otras circunstancias se vieron objetivamente impulsadas hacia el liberalismo fueron sobre todo tres.

En primer lugar los antiguos *guerrilleros*, que por regla general eran de extracción popular: Mina y el Charro, campesinos; Manso, molinero; Jáuregui, pas-

6. Mina llegó a general de división. Su guerrilla, la más numerosa de España, llegó a contar con unos 15 000 hombres. Eran brigadieres de la misma Oraa, Santos Ladrón e Irribarren. En otras guerrillas los jefes llegaron también a brigadieres (equivalente a los actuales generales de brigada): el Empecinado, el cura Merino, etc. También alcanzaron el generalato algunos miembros de tropa antes de la guerra; así Morillo, que era sargento (en aquella época los sargentos formaban parte de la tropa), y al acabar la guerra había ascendido a teniente general.

tor; el Empecinado, carbonero; Merino y Tapia, curas de aldea, etc. Cuando acabó la guerra, Fernando VII disolvió sus unidades [7] y les rebajó un grado o dos del que les había sido reconocido durante las hostilidades, mientras por otra parte comenzó a regalar empleos a militares de dudosa conducta durante la guerra, pero que eran aristócratas o amigos suyos, y lo que resultaba normal en el siglo XVIII producía irritación en aquel momento. Cuando algunos guerrilleros intentaron reclamar fueron tratados despectivamente por el Rey a causa de su origen social, lo cual les hizo comprender algo que muchos ni siquiera se habían planteado durante la guerra: la necesidad de un régimen liberal. Por otra parte, los guerrilleros llegaron a mandar durante varios años (la guerra duró seis) sobre amplias zonas liberadas, ejerciendo en ellas una autoridad semejante a la de los capitanes generales del siglo XVIII. Esta circunstancia les llevó a adquirir las mismas tendencias a intervenir en la esfera civil, y si a ello se añade que el guerrillero (a diferencia del

7. Real Decreto de 28 de julio de 1814. JOSÉ LUIS COMELLAS, *Los primeros pronunciamientos en España,* CSIC, Madrid, 1958, p. 31: «Espoz y Mina se levantó en Navarra cuando vio fracasadas sus aspiraciones al Virreinato y disuelto su ejército de guerrilleros; Porlier se alzó en medio de un destierro en La Coruña, humillación que su carácter exaltado sobrellevaba con muy poco gusto; Vicente Ramón Richard, el más destacado partícipe y probable organizador de la Conspiración del Triángulo, era un comisario de guerra que había visto denegadas sus reiteradas solicitudes de un puesto jurídico en pago a sus servicios durante la guerra; Lacy, cabeza del pronunciamiento de Cataluña en 1817, llevaba mal su postergación en su destino de cuartel, cuando en su concepto hubiera merecido un puesto más en concordancia con su bien adquirido prestigio militar.»

profesional) es un militar de amplia iniciativa y escasa disciplina, se concluirá que su integración en el Ejército regular debió modificar en alguna medida la forma de entender y practicar esa disciplina, virtud militar básica para impedir los pronunciamientos.[8] Quizá por eso los protagonistas de los primeros pronunciamientos (Mina, Porlier, Lacy, Milans, etc.) fueron antiguos guerrilleros.

En segundo lugar *los jóvenes oficiales, ingresados en las academias militares durante la guerra*, los cuales procedían en general de la burguesía y las clases medias. Cuando estalló la guerra, varias universidades formaron con sus alumnos batallones llamados, según el lugar, «literarios», «distinguidos», «de honor», «preferentes», etc., pero pronto se vio[9] la conveniencia de utilizar sus conocimientos para transformarlos en ofi-

8. ROMANONES, *El Ejército y la política*, Madrid, 1920, p. 56, ya apunta esta posibilidad. COMELLAS, op. cit., p. 104, señala que frente a la actitud levantisca de los guerrilleros «los militares antiguos que simpatizaban con las ideas liberales (el conde de la Bisbal, Castaños, Palafox, etc.) permanecen casi siempre al margen de las conjuras y se abstienen de participar en los golpes».

9. Con 300 estudiantes de la universidad de Toledo se formó un batallón de «voluntarios de honor» que se replegaron a Sevilla el 3 de enero de 1809. El 8 de agosto de 1809, el director, teniente coronel de Artillería Mariano Gil Bernabé, hizo una propuesta a la Junta Central para formar 8 000 oficiales, transformando a los estudiantes de los batallones universitarios mediante unos cursos de seis meses. El 14 de diciembre de 1809 se aprobó el reglamento de la escuela, que funcionó inicialmente en Sevilla y luego se trasladó a Cádiz. El 1 de marzo de 1811 la Regencia publicó un reglamento que establecía que cada uno de los seis ejércitos debía crear una escuela militar (con lo que se crearon en Murcia, Olivenza, Valencia, Tarragona, Jaén y Lugo) y, además, se debían abrir otras dos en Palma de Mallorca y Santiago.

ciales. Los así formados sumaron varios miles, y las Cortes de Cádiz dieron validez legal al sistema en un decreto del 17 de agosto de 1811, por el que se abolían las pruebas de nobleza para ingresar en las academias militares.[10]

En tercer lugar los 4 000 oficiales que estuvieron *presos en Francia* durante la guerra[11] y que al regresar se incorporaron al Ejército con el mismo grado que tenían al comenzar la contienda, pasando a veces a estar mandados por antiguos subordinados suyos que habían ascendido en aquel lapso. Al malestar que les producía su graduación se unía la asimilación que habían hecho de la ideología liberal, como consecuencia de los años pasados en Francia, en contacto con el Ejército y país en general, entonces impregnados de liberalismo. Riego, Evaristo de San Miguel, Quiroga y otros destacados liberales habían estado presos en Francia durante la guerra.[12]

10. Las pruebas de nobleza fueron posteriormente restablecidas varias veces por los absolutistas (1814, 1831), pero durante las épocas de predominio liberal ingresaron en el Ejército personas como Espartero, hijo de un artesano; Prim, de un pasante de abogado. Los dos llegaron a ser grandes generales liberales, quizá en alguna medida por su origen social.

11. CHRISTIANSEN, op. cit., p. 22, señala 56 000 presos. De ellos 4 000 eran oficiales, según PAYNE, *Los militares y la política en la España contemporánea*, Ruedo Ibérico, París, 1968, p. 18.

12. Ya en 1821, Ramón Salas, en sus clases de Derecho Constitucional en la universidad de Salamanca, escribía: «Como estos prisioneros eran militares, las ideas liberales se extendieron más rápidamente en el Ejército que en el pueblo, y por eso yo no he extrañado que el Ejército haya tomado la iniciativa de la gran causa de la libertad en España.» (Tomado de LUIS SÁNCHEZ AGESTA, *Historia del constitucionalismo español*, Instituto Estudios Políticos, Madrid, 1955, p. 180.)

OTRAS CAUSAS DE LOS PRONUNCIAMIENTOS DECIMONÓNICOS

A los antecedentes hasta ahora citados, la tradición de gobierno político de los militares del XVIII y la guerra de la independencia, es preciso añadir algunas otras causas derivadas del *subdesarrollo* de aquel momento histórico. Donde se da esa situación, la incultura y la pobreza —en resumen, la falta de sentido de la legitimidad del poder—[13] posibilitan la intervención de los militares, y lo que actualmente ocurre en el Tercer Mundo frente a lo que sucede en los países escandinavos y anglosajones evidencia este aserto. Consecuencia del subdesarrollo era la *debilidad y corrupción del poder civil,* entregado a camarillas y caciques, en un momento en que la aristocracia había iniciado su crisis y la burguesía aún no estaba en condiciones de relevarla. En ese momento histórico de «vacío» del poder civil apareció la que Balmes[14] llamó «prepon-

13. S. E. FINER, *Los militares en la política mundial*, Sudamericana, Buenos Aires, 1969, p. 221.

14. JAIME BALMES, «La preponderancia militar», en *El pensamiento de la nación*, 18-3-1846. Tomado de sus *Obras completas*, Ed. B.A.C., tomo VIII, p. 569: «No creemos que el poder civil sea flaco porque el militar sea fuerte, sino que, por el contrario, el militar es fuerte porque el civil es flaco...»

derancia militar» como puente generacional e histórico entre la «preponderancia aristocrática» del XVIII y la «preponderancia burguesa» de fines del XIX.[15]

Otra posible causa de los pronunciamientos pudo ser la ideología más en boga en el siglo XIX, *el romanticismo,* ya que exaltaba las actitudes liberales, e incluso las rebeldes, llegando a alabar a los jefes de algunos pronunciamientos patricios tan liberales y demócratas como Castelar o Salas. En efecto, el comportamiento de muchos protagonistas de estos hechos, como Porlier, Lacy, Bertrán de Lis, Alcalá Galiano, Torrijos, Diego de León y sus compañeros, etc., estuvo lleno de gestos y actitudes románticas, lo mismo en el momento de sublevarse que en el de morir.[15 bis] Además, el romanticismo potenciaba lo misterioso, lo oculto y lo conspirativo, y facilitaba la creación de sociedades secretas, de las que se tratará más adelante, las cuales en muchos casos propiciaron la organización de los pronunciamientos.

Por último es preciso señalar *las guerras carlistas,*

15. Análogamente, un segundo período de pronunciamientos se produce en el siglo XX, cuando la burguesía se debilita y el proletariado no tiene aún poder suficiente para desplazarla.

15 bis. Lacy mandó él mismo su pelotón de ejecución, Torrijos pidió hacerlo, Bertrán de Lis corrigió al verdugo que pronunció mal su nombre, Porlier escribió el epitafio de su tumba, etc... la mayoría de ellos comparecieron ante el pelotón vestidos de gala, con enorme serenidad, repartiendo monedas o cigarrillos a los soldados que los iban a fusilar, etc... En el Congreso de los Diputados se guarda la última carta de Torrijos, dice así: «Málaga, Convento del Carmen, día 11-12-1831 y último de mi existencia. Amadísima mía: Voy a morir, pero voy a morir como mueren los valientes... He pedido mandar yo mismo el fuego a la escolta, si lo consigo tendré un placer...»

que forjaron militares de fuerte personalidad, entre los que descollaron Espartero, Narváez, Serrano, O'Donnell, Prim, Pavía, Dulce, Ros de Olano, etc., que pasaron de oficiales a generales durante las citadas guerras y alcanzaron a menudo el empleo de teniente general con unos 35 años.[16] Y un teniente general de esa edad tiende más a pronunciarse que uno de 65.

Como es lógico, se intentó poner remedio a este anormal sistema de relevo del poder: Narváez, durante los 25 años de su larvada dictadura, intentó fortalecer la disciplina, consciente de que el pronunciamiento, sobre ser un mal nacional, iba contra los intereses de su partido. Igualmente, O'Donnell intentó, en su glorioso quinquenio, crear un Ejército nacional. Pero ambos generales fracasaron.

SU COLOR POLÍTICO: LOS MILITARES LIBERALES

Al analizar los pronunciamientos llama la atención el que la mayoría se hicieron en favor de los partidos li-

16. JOSÉ LUIS COMELLAS, *Los primeros pronunciamientos en España*, Madrid, 1958, p. 104. Al pronunciarse tenían: Mina 36 años, Porlier 26, Lacy 42, Torrijos 26, Riego 36, etc. También: CARLOS MARTÍNEZ CAMPOS, *España bélica*, Aguilar, Madrid, 1961, p. 163.

berales.[17] Los intentos de Bessières o los oficiales de la Guardia Real fueron excepcionales. Por el contrario, los militares intelectuales como San Miguel, Villamartín, Almirante, Clonard, Banús, Barado, Vidart, Vallecillo, Aparici, etc., y los políticos como Riego, Espartero, Prim, O'Donnell, Morillo, Ros de Olano, Llauder, Mina, Villacampa, Torrijos, Cardero, Latre, Rodil, Dulce, Serrano, Topete, Caballero de Rodas, etc., fueron liberales que militaron unos en la Unión Liberal [18] de O'Donnell, otros en el partido moderado de Narváez [19] y los más en el progresista [20] de Espartero y Prim. Incluso hombres tan conservadores como Quesada o los Fernández de Córdoba aceptaron el liberalismo durante el reinado de Isabel II, y en 1880, reinando Alfonso XII, Martínez Campos, Jovellar, Pavía y otros generales abandonaron el partido conservador de Cánovas para pasarse al liberal de Sagasta.

17. Una persona tan poco sospechosa de retorcer la historia para elogiar al Ejército español como Carlos Marx, en un artículo publicado en el *New York Daily Tribune* el 18 de agosto de 1856, tras analizar las causas de los pronunciamientos militares concluye: «Todas éstas son las causas que dieron a la revolución en España un carácter militar y un carácter pretoriano al Ejército. Hasta 1854 la revolución se produjo siempre en el Ejército, y sus varias manifestaciones hasta ese momento no ofrecían más signo externo de diferencia que el grado militar del que partían.» (Tomado del libro MARX-ENGELS, *Revolución en España*, traducción de Manuel Sacristán, Ariel, Barcelona, 1966, p. 161.)

18. Además de O'Donnell, Serrano, Dulce, Zabala, etc.

19. Además de Narváez, los dos Fernández de Córdoba (Luis y Fernando), los dos Gutiérrez de la Concha (José y Manuel), el marqués de Novaliches, el conde de Cheste, Llauder, Quesada, el marqués de las Amarillas, Zarco del Valle, Morillo, Alava, Blake, etc.

20. Además de Espartero y Prim, Hidalgo, Pavía, Gándara, Villacampa, etc.

Las causas son varias y ya se ha citado como la primera la guerra de la independencia, que rompió la homogeneidad del Ejército. A esta causa se añaden otras que consideramos a continuación.

Segunda causa: en aquella época existía una fuerte tensión entre *el nacionalismo liberal y el regalismo absolutista.* Como han demostrado estudios de Friedrich,[21] Duverger, etc., el nacionalismo fue, a principios del siglo XIX, un sustituto del culto a Dios y al Rey. Los soldados revolucionarios gritaron por primera vez *Vive la Nation!* precisamente en Valmy en 1792,[22] en un momento en que, por proclamarse ateos y republicanos, necesitaban algo que los hermanara, un símbolo nuevo que los uniera. Los absolutistas no aceptaron el grito, que inicialmente tenía resabios magnicidas, y durante muchos años siguieron enfrentándose dos modos distintos de concebir la vida pública: el absolutista, que la centraba en el Rey, y el liberal, que la centraba en la nación; y así se dijo: «No tenemos dueño ni señor, somos soldados nacionales.»[23] Este dilema desapareció ya entrado el siglo XIX, y en España concretamente, cuando Cánovas del Castillo incorporó el nacionalismo al ideario conservador; pero hasta la Restauración tal oposición fue un hecho.[24]

21. CARL FRIEDRICH, *Teoría y realidad de la organización constitucional democrática,* Fondo de Cultura Económica, México, 1941, p. 22.

22. JULIÁN MARÍAS, *Introducción a la Filosofía,* Ed. Revista de Occidente, Madrid, 1956, p. 47.

23. E. CHRISTIANSEN, *Los orígenes del poder militar en España,* Aguilar, Madrid, 1974, p. 19.

24. JUAN ANTONIO MARAVALL, apuntes de cátedra.

Manuel Ruiz Zorrilla, jefe del Partido Republicano Progresista, que intentó repetidas veces derribar la monarquía de la Restauración y, desde su exilio, insistió en la necesidad de una reforma militar.

Además, en la lucha entre un orden nacional-liberal y otro absolutista y clerical, las simpatías del militar se inclinaban —por la raíz patriótica que toda vocación militar entraña— a favor del nacionalismo, y a favor del liberalismo por el *recelo que en aquella época sentía el estamento militar hacia el clero.*

Una tercera causa explicativa del color político de los pronunciamientos quizá sea que *los liberales, como consecuencia de su nacionalismo, eran partidarios,* en aquella época, *de un Ejército eficaz y bien organizado,* y en general todas las reformas militares se hicieron coincidiendo con las épocas de predominio liberal. Así, en las Cortes de Cádiz, durante el Trienio Liberal, con la implantación del Estatuto Real de 1834, etc. Estas reformas eran normalmente desautorizadas por los absolutistas cuando recobraban el poder. El cuerpo de Estado Mayor —por citar un ejemplo— fue creado por las Cortes de Cádiz en junio de 1810 y disuelto en 1814 por Fernando VII al abolir la legislación promulgada por aquellas Cortes. De nuevo fue organizado durante el trienio liberal en 1821 y otra vez disuelto al comenzar la década absolutista en 1824, para ser otra vez creado en 1833 al finalizar ésta, y así sucesivamente. El espíritu reaccionario de los absolutistas era tan radical que —por ejemplo—, el 27 de septiembre de 1823, Fernando VII cerró todas las academias militares por considerar peligroso aumentar el nivel intelectual del Ejército.[25] No contento con semejante medida, de-

25. La Academia de Ingenieros estuvo cerrada hasta 1826 y la de Artillería, hasta 1830.

cidió poco después disolver el Ejército,[26] al que tenía por poco afecto, y lo sustituyó creando una milicia política rural llamada «voluntarios reales». Tal situación duró hasta que en 1825 se reorganizó la Infantería.[27]

Cuando medio siglo después, con la Restauración, las derechas se integran en el Partido Conservador, ha-

26. El 9 de febrero de 1824, se firmó un convenio con la Francia de Chateaubriand, por el que España pagaría dos millones de francos al mes, a cambio de que Francia mantuviera 45 000 soldados ocupando nuestro país para seguridad del Rey. Además contrató dos regimientos de suizos con la Confederación Helvética. El acuerdo con Francia fue renovado anualmente hasta 1828. Retirándose el Ejército de ocupación al año siguiente. El mismo día que firmó tan degradante convenio, Fernando VII dio licencia ilimitada a los oficiales del Ejército y a unos 10 000 se les abrió expediente de purificación. Incluso héroes de la guerra de la independencia como Castaños y Blake tuvieron que pasar por este enojoso trámite. Véase sobre este tema una publicación oficial del MINISTERIO DEL EJÉRCITO, *Estudio histórico del Cuerpo de Ingenieros del Ejército*, Madrid, 1911, tomo I, p. 16: «Las ideas liberales que profesaban casi todos los oficiales de ingenieros y la parte que muchos de ellos tomaron en la política de aquel período constitucional de 1820-1823 les valieron la impurificación y la licencia indefinida cuando volvió el gobierno absoluto, y al Cuerpo la desconfianza y la hostilidad del nuevo poder. La Academia y el Regimiento fueron suprimidos, y si se restablecieron en 1826 fue en forma reducida y modesta. Sólo en 1833, al empezar con el reinado de Isabel II la guerra civil, se volvió a su organización de un modo definitivo.»

27. En junio de 1825 fue nombrado ministro del Ejército Miguel de Ibarrola, marqués de Zambrano, que mantuvo la cartera hasta octubre de 1832 y fue lentamente reorganizando el Ejército. Tuvo importancia a estos efectos el Real Decreto de 31 de mayo de 1828, desarrollado seis días después por una orden circular de Zambrano, en el que se dice se readmitirán 850 oficiales. Se establece en este Decreto reorganizador un Ejército de veinticuatro regimientos de Infantería, doce de Caballería, tres de Artillería y uno de Zapadores, pero se mantienen como tropa de élite la Guardia Real con ocho regimientos de Infantería y cuatro de Caballería, y también los tres regimientos de suizos.

llamos en éste la misma hostilidad a crear un Ejército eficaz y bien organizado, y así —incluso hombres de la talla de Cánovas del Castillo— consideraban el servicio obligatorio como un postulado inaceptable y socialista. Fácil es comprender que estas afirmaciones hacían que los militares no se sintieran cómodos en las filas conservadoras, más que por su ideario por su actitud ante los problemas del Ejército, y que sobre los más jóvenes ejerciera atracción Ruiz Zorrilla, que desde el exilio seguía insistiendo en la necesidad de la reforma militar, en la implantación del servicio obligatorio, en la reorganización del Ejército, en la creación de academias, etc. Banús, en sus *Estudios de arte e historia militar*, recoge un hecho acaecido en el Parlamento belga pero que bien pudiera haber ocurrido en España: «El general Brialmont, que defendía la necesidad de implantar el servicio obligatorio, fue interpelado por el jefe de la derecha de la Cámara, que gobernaba entonces el país, con este argumento: "El resultado que lograría el ministerio que agravase el servicio militar sería su propio descrédito y quizá la derecha resultaría perjudicada." El general Brialmont contestó sarcásticamente: "Perjudicar el Ejército no importa nada, pero perjudicar a la derecha ya es otra cuestión."» [28]

Una cuarta razón es que el *sufragio censitario* y el *fraude electoral*, primero, y el *caciquismo* después, daban facilidades a los conservadores para mantenerse

28. Carlos Banús y Comas, *Tratado de historia y arte militar*, Barcelona, 1881, tomo II, p. 62.

en el poder e *impulsaban a la oposición a forzar el relevo gubernamental mediante otros métodos, buscando la ayuda de los militares,* por lo que la mayoría de los pronunciamientos se hicieron a favor de los partidos liberales primero y los progresistas después.

De todas formas, es preciso matizar el hecho de que el transcurso del tiempo moderó el liberalismo militar, que pasó de ser radical y exaltado, durante el reinado de Fernando VII, a más templado durante la minoría de edad de Isabel II, moderado durante su mayoría de edad y cada vez más conservador a lo largo de la Restauración. También es preciso matizar otra cuestión: el militar es, en principio, y sobre todo en las épocas de paz, cuando se aleja del recuerdo de las guerras, un hombre de orden, y por tanto estas actitudes liberales de los militares del XIX deben ser juzgadas dentro de su marco histórico: aquél fue el siglo de la monarquía liberal, ideología prácticamente dominante en Europa. Lógico era, pues, que la mayoría de los oficiales fuesen monárquicos liberales.

Una quinta causa fue el malestar profesional. Ya antes se ha mencionado la irritación que produjo a los guerrilleros perder uno o dos grados, y ver disolverse sus unidades, o a los militares que regresaban de Francia al acabar la guerra de la independencia, estar a las órdenes de antiguos subordinados.

Pero peor fue en aquel momento la situación de unos 10 000 oficiales que quedaron desempleados —parados, para usar una palabra más exacta—, la mayoría de ellos sin paga o con un porcentaje tan bajo que no podían subsistir.[29] Este problema reapareció varias veces, aunque quizá con mayor intensidad después de las guerras coloniales (1824, 1898), carlistas, etc.: la falta de paga, su escasez,[30] el retraso en el cobro [31] y la irritante desigualdad entre la paga mísera del oficial medio y la excesiva de los generales [32] propiciaron más

29. CHRISTIANSEN, op. cit., p. 23.; COMELLAS, op. cit., pp. 53 y 54.

30. J. R. ALONSO, op. cit., p. 252, señala que el Ejército del Norte recibió siete millones de reales durante seis meses, cuando su presupuesto era de veintitrés millones al mes. Una de las primeras medidas que tomó Riego al triunfar su golpe fue aumentar cien reales al mes la paga de los oficiales. Un buen análisis de las pagas militares en el siglo XIX en F. FERNÁNDEZ BASTARRECHE, *El Ejército español en el siglo XIX*, Siglo XXI, Madrid, 1978.

31. DANIEL R. HEADRICK, *Ejército y política en España*, Tecnos, Madrid, 1981, p. 154, señala que en la época de Narváez las pagas se cobraban a veces hasta con tres meses de retraso. La misma obra, p. 136, señala que «la paga era corta y muchos oficiales se encontraban periódicamente a media paga», y sigue: «El resultado fue que el partido que más ofrecía solía ser el vencedor. Los progresistas de Espartero flirteaban con la Milicia Nacional y se olvidaron de pagar al Ejército. Por dos veces alcanzó Espartero el poder gracias a su popularidad, y otras tantas se rebeló el Ejército en contra de él. Narváez y O'Donnell, por el contrario, pagaban al Ejército rápidamente. Narváez llegó a proclamar que estaba dispuesto a dedicar la totalidad de los recursos de la nación al mantenimiento del Ejército. Aquellos que pagaban al Ejército permanecían en el poder mucho más tiempo que quienes no lo hacían. Se trataba de una lección que no habia que olvidarse después de 1875.»

Asimismo CARR, op. cit., pp. 218 y 230, señala el retraso de las pagas como causa de algunos pronunciamientos. Igualmente BASTARRECHE, op. cit., p. 83.

32. HEADRICK, op. cit., p. 71: «Los sueldos que percibían eran muy sustanciosos, aun cuando los de los oficiales fueran demasiado reducidos para llevar un tren de vida decoroso en la clase media. A finales de los años setenta y comienzos de los ochenta, un general de brigada ganaba 9 000 pesetas al año, un general de división 15 000, un teniente general 22 500 y un capitán general 30 000. Estos sueldos estaban a la altura de los de los generales alemanes del mismo grado y eran superiores a los de los franceses. Al mismo

de un pronunciamiento.[33] Otra fuente de irritación importante hasta 1841 era la Guardia Real, cuyos oficiales ganaban tres grados al pasar al Ejército: por ejemplo, ser capitán en la Guardia Real equivalía a coronel en el Ejército, y esto molestaba especialmente porque en la Guardia Real sólo podían entrar los nobles o los que pagaban sumas muy elevadas (Narváez pagó 80 000 reales).[34] Pero, además, en general el nepotismo privaba en los ascensos, y también aquí es preciso señalar que más de un conspirador se unió a la revuelta por agravios de este tipo; ya antes se citó a los guerrilleros. Añadamos ahora que, posiblemente,[35] los generales Zabala e Izquierdo se unieron a Prim por haber sido discriminados, cuando les correspondía ascender. En

---

tiempo y como comparación, un ministro del gobierno ganaba 12 500 pesetas al año.»

33. CHRISTIANSEN, op. cit., pp. 39, 123 y 124, comenta que en 1825 se amotinó la guarnición de Sevilla contra el gobierno absolutista por falta de paga. En 1841 se declaró en huelga un regimiento de Alhucemas por la misma razón. En 1841 el regimiento de Pamplona se pronunció con O'Donnell, que prometió «una prima de reenganche, pagas completas y ascensos a los sargentos». En 1842 el regimiento de Guadalajara, estacionado en Barcelona, «se unió a los insurgentes por la alimentación gratuita que se les ofreció como recompensa..., pues estos soldados no simpatizaban con la rebelión en sí misma, pero no estaban dispuestos a arriesgar la vida por una autoridad que los descuidaba».

34. Como es lógico, estos rápidos ascensos de los aristócratas aumentaban la lentitud de los ascensos de los demás. CHRISTIANSEN, op. cit., p. 5, señala que antes de la guerra de la independencia la edad media de un teniente de la Guardia Real era de 16 años y la del Ejército, 50 años. José Fortes, en el prólogo de la citada obra, calcula la permanencia media en cada empleo para los que no eran aristócratas en 20 años.

35. HEADRICK, op. cit., p. 155.

resumen, creaban malestar los malos tratos,[36] la desorganización general[37] y unas guerras coloniales que se sabían perdidas (1820) y en las que ni los oficiales ni la tropa querían participar.[38]

36. CHRISTIANSEN, op. cit., p. 28: «Se prohibía casarse a los grados inferiores a capitán; habían estado sometidos a los arbitrarios procesos judiciales en los que sus declaraciones tenían que ser bajo juramento y durante los cuales su paga era reducida en dos tercios; a veces su carrera quedaba destruida con notas secretas en su hoja de servicios respecto a su carácter, o por una orden de suspensión del Ministerio de la Guerra, y sus apelaciones a las ordenanzas habían sido desestimadas con el poder interpretativo de los capitanes generales.»

37. La organización era caótica y el problema se veía periódicamente agravado como consecuencia de las guerras (independencia, independencia de Sudamérica, carlistas, Cuba, Marruecos), que creaban unos enormes contingentes de oficiales que había que licenciar al acabar, y era difícil hacerlo por la gran duración de algunas de estas guerras (seis de la Independencia, casi quince la de América, siete la primera carlista, etc.). Hubo varios intentos de resolver el problema realizando una reforma militar, coincidiendo en general con las épocas de predominio liberal. Quizá los más importantes intentos fueron los de Casola y López Domínguez. El más acabado, rápido y eficaz, aunque muy controvertido, fue el de Azaña.

38. Como es sabido, este deseo fue determinante en el pronunciamiento portugués del 25 de abril de 1974 que puso fin a la dictadura fascista. En forma semejante fue determinante básico para el apoyo que el Cuerpo Expedicionario que debía ir a América dio al pronunciamiento de Riego en 1820.

LAS SOCIEDADES SECRETAS COMO CAUSA DE LOS PRONUNCIAMIENTOS

Una causa de los pronunciamientos fue la existencia de sociedades secretas, ya que, evidentemente, la conspiración era más fácil y tenía menos riesgos en el seno de una sociedad de este tipo. Y las sociedades secretas proliferaron en aquella época, quizá porque el romanticismo, al ensalzar todo lo misterioso y secreto, había creado un ambiente propicio para su desarrollo y organización, y para esta forma de actuar, o quizá porque la falta de libertad —de toda la sociedad en algunas épocas, y del militar profesional en otras—, al no permitir una actuación política pública y legal, forzaba el repliegue a una actividad clandestina en el seno de las sociedades secretas.

Aunque este tema está poco estudiado (entre otras cosas porque su propia naturaleza secreta lo dificulta), parece probado que la primera sociedad secreta que penetró en el Ejército español fue la *masonería,*[39]

39. Actualmente, y gracias a las exhaustivas y rigurosas investigaciones del profesor JOSÉ A. FERRER BENIMELI, se tiene ya un conocimiento desmitificado de la historia de la masonería española. Siglo XXI ha publicado dos importantes obras de este investigador: *La masonería española en el siglo XVIII* y *Masonería española contemporánea* (dos volúmenes). En ambas las alusiones al estamento militar son múltiples.

que algo tuvo que ver con los pronunciamientos que se produjeron durante la época de Fernando VII. Mina, Porlier, Lacy, Alcalá Galiano, Richard, el conde de Montijo, Milans del Bosch (Francisco), Van Halen, Riego y varios de sus compañeros, Prim,[40] etc... probablemente fueron masones, mientras que Torrijos,[41] que dirigió el de 1831, era comunero, esto es, miembro de una sociedad secreta parecida a la masonería pero de ámbito estrictamente español, que se desarrolló durante el Trienio Liberal y dirigió Ballesteros.[42] Por otra parte, la profesión más frecuente de los masones en aquella época era la de militar, lo cual permite deducir que las logias tenían cierto poder de convocatoria dentro del Ejército.

Durante el reinado de Isabel II aparecieron dos sociedades secretas que propiciaron sendos pronunciamientos. La primera fue *La Isabelina,* creada por Avinareta, y a la que pertenecía el teniente Cayetano Cardero, que se pronunció en 1835 porque el Estatuto Real le parecía insuficiente y deseaba restablecer la Constitución de 1812. Otra fue la *Orden Militar Española,* también llamada *Sociedad Militar Española,* que con el apoyo de la reina madre María Cristina creó

40. COMELLAS, que en la obra aquí varias veces citada ha hecho un exhaustivo estudio de los pronunciamientos realizados entre 1814 y 1820 (primera época absolutista de Fernando VII), llega a la conclusión de que «con casi absoluta seguridad todos los pronunciamientos en el período 1814-20 fueron trazados por la masonería» (p. 135).

41. JOSÉ LUIS HERRERO, *El Ejército español en el siglo XIX,* Suplementos, *Cuadernos para el Diálogo,* Madrid, p. 14.

42. CHRISTIANSEN, op. cit., p. 31.

Ramón María Narváez, jefe del Partido Moderado,
que durante diez años (1844-1854) logró mantener cierta estabilidad
en el país, como primer ministro de Isabel II.

Narváez para derribar a Espartero, propósito que logró tras el pronunciamiento de 1843.

Después de la Restauración, Ruiz Zorrilla, jefe del Partido Republicano Progresista, hizo varios intentos para derribar la monarquía, apoyándose en algunos militares que habían pertenecido al Partido Progresista de Prim, del que era continuación parcial el partido de Ruiz Zorrilla. Bajo su patrocinio, el teniente Miguel Pérez fundó en 1880 la *Asociación Republicana Militar,* que tres años después contaba con unos 1 500 afiliados [43] y protagonizó varios pronunciamientos, todos ellos fracasados, que se relatan a continuación:

El primero y único importante estalló en Badajoz el 5 de agosto de 1883. Debían haberse pronunciado simultáneamente varias guarniciones, pero a última hora hubo un cambio de fecha, que no se pudo comunicar a la guarnición de Badajoz, y ésta, dirigida por el teniente coronel Serafín Asensio, se pronunció en solitario. Cuando el hecho fue conocido, dos días después, por otros conjurados, algunos intentaron sumarse al pronunciamiento, como el teniente Juan Cebrián en Santo Domingo de la Calzada (Rioja) y el comandante Fontcuberta en Seo de Urgel. Los sublevados en Badajoz y en la Seo, tras el fracaso cruzaron las respectivas fronteras de Portugal y de Francia. Por

43. Aunque se han barajado diversas cifras elevando algunas los afiliados hasta 3 000, la que personalmente creo más correcta es la de ERNESTO GARCÍA LADEVESE, *Memorias de un emigrado*, 1892, p. 60, que da la cifra de 1 479 inscritos en el libro registro, que tenía la ARM el 5 de agosto de 1833 (fecha del pronunciamiento de Badajoz).

el contrario, el teniente Cebrián murió en la acción. Al año siguiente, en mayo, se pronunciaron en Santa Coloma de Farnés, al frente de una pequeña unidad, el comandante Ferrándiz y el teniente Belles, pero fueron capturados y fusilados. El mismo día que ellos se pronunciaban penetró por la frontera el capitán de carabineros Mangado, con varios miembros de la ARM, pero murió en un encuentro contra la Guardia Civil. Al año siguiente se pronunció al frente de un destacamento de Marina en Cartagena el sargento Casero, quien en aquel momento ya no pertenecía a la ARM, pero al parecer había sido uno de los conjurados de agosto de 1883; fracasó y marchó con su gente a Orán. El último intento de la ARM, que fue también el último pronunciamiento de este segundo período, lo realizó el brigadier Villacampa en Madrid el 19 de septiembre de 1886; fracasó, fue apresado, condenado a muerte e indultado y murió en prisión.

BREVE RELATO HISTÓRICO: LOS PRONUNCIAMIENTOS DURANTE EL REINADO DE FERNANDO VII

Una minuciosa historia de los pronunciamientos del siglo XIX sería larga e inútil, pues muchos de ellos carecieron de importancia; en consecuencia, aquí sólo se citan aquellos que tuvieron especial relieve, bien por ser coronados con el éxito, bien por tener cierta trascendencia en la vida nacional. Durante los sesenta años que median entre la llegada de Fernando VII y la de Alfonso XII se produjeron más de cuarenta pronunciamientos, pero Canalejas, en un discurso pronunciado ante las Cortes de 1881, señaló que hasta entonces se habían producido 81 pronunciamientos.[43 bis]

Esta aberrante práctica comenzó cuando Fernando VII, al regresar a España, aceptó la propuesta (pronunciamiento larvado) que Elío, capitán general de Valencia, le hacía para abolir la Constitución de 1812 y proclamarse rey absoluto. El descontento de los militares liberales no tardó en dejarse sentir, y contra el absolutismo conspiraron Mina en 1814, Porlier en 1815, Richard en 1816, Lacy y Milans en 1817 y Vidal en 1819; a Porlier, Richard, Lacy y Vidal sus intentos les costaron la vida. Al fin alcanzaron el éxito el coronel Quiroga y el comandante Riego, que en 1820 se sublevaron en Cabezas de San Juan (Cádiz) al frente de unidades que debían ir a América. Con su triunfo, posible porque poco después se sublevaron las guarniciones de casi toda España, se inauguró el Trienio Liberal del reinado de Fernando VII. El coronel Evaristo San Miguel formó gobierno; Villacampa y Mina fueron nombrados capitanes generales de Navarra y Cataluña; Riego, O'Daly, Quiroga, Arco-Arguero

43 bis. Análogamente, Juan Varela señaló 38 pronunciamientos entre 1843 y 1848, y S. R. Alonso, op. cit., p. 291, un total de 300 de 1814 a 1854.

y López Baños, ascendidos a generales; el Ejército expedicionario, licenciado; las unidades realistas, disueltas, y el ministro del Ejército, destituido.

Durante el Trienio Liberal se sublevaron seis batallones de la Guardia Real, instigados por un grupo de tenientes dirigidos por Luis Fernández de Córdoba. Parece ser que no deseaban el retorno al absolutismo, sino una Constitución más moderada. El pronunciamiento fracasó porque la Milicia Nacional se concentró por iniciativa propia y el capitán general Pablo Morillo se puso al lado de la Milicia que dirigía Evaristo San Miguel.

Como consecuencia del fracasado pronunciamiento, la actitud de los militares liberales (que eran la gran mayoría), se radicalizó e intervinieron más directamente en la dirección política del Estado para defender la Constitución, pero no pudieron hacer frente a los Cien Mil Hijos de San Luis, Ejército invasor que mandaron las potencias de la Santa Alianza para restablecer el absolutismo. Tras la invasión, unos mil oficiales se exiliaron y otros, como Riego, fueron ejecutados o encarcelados.

Durante la década absolutista hubo varios pronunciamientos. Unos fueron de extrema derecha: en 1824 se sublevó el brigadier Capapé, instigado por el infante don Carlos, y en 1825 lo hizo el brigadier Bessières, francés al servicio del Ejército español, que se levantó al grito de «Religión, Inquisición y Rey», acusando al gobierno, que estaba en plena represión antiliberal, de mano blanda. Ambos fracasaron en sus intentos, pero corrieron distinta suerte: Capapé fue indultado y Bessières fusilado. Sentido contrario y pro liberal tuvieron varios intentos de invasión de España realizados durante los años 1830 y 1831 por los liberales exiliados. El principal corrió a cargo del general Torrijos, que desembarcó en Málaga con 52 hombres y también fracasó y fue fusilado con todos sus compañeros. Menor importancia tuvieron los del coronel Valdés en Tarifa, en 1824; los hermanos Fernández Bazán en Alicante, en 1826, y el intento de invasión a través del Pirineo de Mina, en 1830.

LOS PRONUNCIAMIENTOS DURANTE LAS REGENCIAS DE MARÍA CRISTINA Y ESPARTERO

Siendo regente María Cristina, los generales Llauder y Quesada se unieron a los liberales y consiguieron la caída de Cea Bermúdez, la subida al poder de Martínez de la Rosa y la promulgación del Estatuto Real de 1834.

Entrado el año 1835 y siendo jefe del gobierno Martínez de la Rosa, el oficial Cayetano Cardero, del regimiento de Aragón, liberal entusiasta y miembro de una sociedad secreta llamada «La Isabelina» se sublevó porque el Estatuto Real le parecía tibio y deseaba restablecer la Constitución de 1812. Los sublevados se hicieron fuertes, dieron muerte al capitán general José Canterac y consiguieron que el gobierno pactase con ellos, saliendo de su reducto a los sones del himno de Riego. Su éxito fue en parte posible por la actitud favorable a ellos que adoptó la Milicia Urbana de Madrid, pero no tuvo consecuencias políticas y a los sublevados se les destinó al Norte para luchar contra los carlistas.

El 15 de agosto del mismo año, Quesada dio pie a una rebelión de la antes citada Milicia Urbana, que si bien no tardó en quedar sofocada, repercutió en Andalucía y ocasionó la caída del conde de Toreno y un ministerio más progresista con Mendizábal, con el que colaboraron los generales Mina, Quiroga, Espinosa, O'Daly y López Bravo, de conocidas ideas progresistas, junto a otros moderados como Quesada y Córdoba. El empeño de mantener a estos militares progresistas al frente del Ejército hizo que Mendizábal fuese duramente atacado por los moderados, que lograron derribarlo del gobierno en mayo de 1836 y colocar a Istúriz en su lugar. La subida al poder de éste agotó la paciencia de los progresistas que ya estaban descontentos del Estatuto Real, y a los dos meses se alzaron en Málaga en pro del restablecimiento de la Constitución de 1812, repercutiendo el movimiento en varias ciudades y, por último, en La Granja,[44] donde las tropas que guardaban el palacio irrumpieron en él y los

44. CHRISTIANSEN, op. cit., pp. 176 y ss., narra detalladamente este pronunciamiento, al que dedica un apéndice.

sargentos García, Gómez y Lucas obtuvieron de la regente un decreto promulgando la Constitución de Cádiz, que, reformada, dio lugar a la de 1837.

Uno de los más complejos pronunciamientos que han existido fue el que se produjo en Sevilla en noviembre de 1838. Al parecer, fue obra de los liberales «exaltados», que estaban descontentos porque temían que Clonard disolviese la Guardia Nacional, pero el pronunciamiento —y eso es lo misterioso— fue acaudillado por Luis Fernández de Córdoba (el mismo que encabezara el pronunciamiento de la Guardia Real en 1822), conocido jefe del Partido Conservador y antecesor de Narváez en el mando del mismo.

Los motivos por los que Fernández de Córdoba se prestó a ello son muy complejos y contradictorios. Según él explica en sus *Memorias Intimas*, se unió a los pronunciados con el único objeto de evitar un mayor derramamiento de sangre y —por así decirlo— para de este modo poderlos controlar desde arriba. Sin embargo, esta versión es discutible y el mismo Cánovas del Castillo, en *El solitario y su tiempo*, no la acepta. Al parecer, el pronunciamiento se produjo espontáneamente, y Fernández de Córdoba intentó transformarlo capitaneándolo.[45]

En 1840, una proyectada ley de ayuntamientos de tipo centralista, que daba al Rey derecho a nombrar a los alcaldes de las capitales de provincia y al gobernador a hacerlo en los municipios de más de 500 veci-

45. CHRISTIANSEN, op. cit., pp. 179 y ss., dedica un segundo apéndice a analizar este pronunciamiento.

nos, promovió grandes disturbios que obligaron a la Reina regente a llamar al general Espartero. Éste exigió como condición la anulación de la ley de ayuntamientos, pero María Cristina no aceptó y prefirió abdicar y entregar la regencia en manos del duque de la Victoria.

Tampoco fue tranquila la regencia de Espartero. Su negativa a confiar a María Cristina la educación de su hija Isabel II, excitó las iras de los moderados, y en 1841 se sublevaron O'Donnell, Concha, Pezuela, Narváez, Montes de Oca, Diego de León y Borsi di Carminati. La intentona costó la vida de los tres últimos. Distinta fue la suerte que corrieron dos años después, en 1843, los «coalicionistas» (moderados y progresistas unidos) Prim y Milans del Bosch, que se alzaron en Reus en colaboración con Narváez, Concha, Pezuela y Fulgorio, que lo hicieron en Valencia, y con Serrano, que acudió a Barcelona. Consiguieron derrocar al regente y anticipar la mayoría de edad de Isabel II. Proclamada ésta, confió el gobierno directa o indirectamente a Narváez, jefe del Partido Moderado, que durante unos diez años mantuvo cierta estabilidad en el país, pues aunque en 1844 se produjeron dos pronunciamientos, uno progresista en Alicante y Cartagena acaudillado por Pantaleón Bonet y otro carlista en el Maestrazgo, carecieron de importancia.

MAYORÍA DE EDAD DE ISABEL II

En febrero de 1854, la reiterada permanencia en el poder de los moderados y, sobre todo, las inmoralidades políticas y administrativas del gabinete del conde de San Luis, crearon un malestar general que fue utilizado por la oposición para hacerse con el poder. El primer intento de alzamiento fue en Zaragoza, en febrero de 1854, y fracasó, pero cuatro meses después, Dulce, director general de Caballería, se sublevó con las unidades de esta Arma en Alcalá de Henares, y a él se unió O'Donnell. Los sublevados combatieron contra el gobierno en Vicálvaro [46] y la batalla quedó indecisa, pero Cánovas del Castillo, a la sazón secretario de O'Donnell, le dictó el famoso «Manifiesto de Manzanares», en el que se pedía un gobierno sin camarillas, mejorar las leyes fundamentales (particularmente la electoral y la de imprenta), descentralizar la administración municipal y dar sólida base a la Milicia Nacional. Como consecuencia de este Manifiesto, la rebelión se generalizó y el conde de San Luis se vio obligado a dimitir. La Reina llamó a Espartero, que subió

46. Por esta razón a este pronunciamiento se le conoce como *la vicalvarada.*

Juan Prim, general progresista que, tras varios intentos fracasados, participó en la revolución de 1868 que puso fin al reinado de Isabel II. (Boceto del cuadro del Louvre de Henri Regnault, Museo de Arte Moderno de Madrid.)

al poder y nombró a O'Donnell ministro de la Guerra.

Desde 1858 a 1863 gobierna O'Donnell con tal acierto, que se ha llamado a esta época el «Quinquenio Glorioso». Sólo un pronunciamiento serio hubo en ella: el golpe carlista del capitán general de Baleares Jaime Ortega que, en 1860, desembarcó en Tortosa y fue apresado y fusilado. Un intento pro republicano, dirigido por Sixto Cámara, careció de importancia.

En 1864 comienzan los intentos de Prim para derribar a los conservadores y a Isabel II, con la fracasada sublevación del regimiento de Saboya. Al año siguiente cosechó un nuevo fracaso al intentar alzar las guarniciones de Pamplona y Valencia, y poco después, en enero de 1866, organizó la llamada «Insurrección de Villarejo», que debía rodear Madrid mediante varios focos independientes: Aranjuez, Ávila, Alcalá y Ocaña. No cesó Prim en sus intentos, y unos meses después, en julio del mismo año, se produjo la sublevación de los sargentos de Artillería del cuartel de San Gil.[47] Derrotados por Serrano siendo O'Donnell jefe del gobierno, fueron fusilados 66 de los sublevados. En agosto de 1867 Prim consiguió que se levantase el coronel Moriones, que también fracasó. Por último, el 18 de septiembre de 1868 (seis meses después de morir Narváez, el gran apoyo de Isabel II), Serrano[48] dio el

47. HEADRICK, op. cit., pp. 152 y ss., lo trata con cierto detalle.
48. O'Donnell, jefe de la Unión Liberal, había fallecido en noviembre de 1867, dejando la dirección del partido a Serrano, que aceptó la coalición con los progresistas de Prim para derribar a Isabel II. El detalle del pronunciamiento lo expone con claridad HEADRICK, op. cit., pp. 157 y ss.

golpe de gracia a la monarquía en Alcolea. Estaban coaligados todos los generales políticos: Prim y sus progresistas y Serrano con los de la Unión Liberal; junto con el almirante Topete y los generales Caballero de Rodas, Rivera y Dulce habían firmado un manifiesto decisivo que se tituló «España con honra», cuya redacción se debía al escritor López de Ayala.

EL EJÉRCITO Y LA REVOLUCIÓN DE 1873

Otra importante intervención del estamento militar en la vida política del país se desarrolló durante la primera República, pues aunque el Ejército, como institución, fue ajeno a los desafortunados sucesos del año 1873, sus miembros —generales, oficiales y tropa— contribuyeron separadamente a aumentar el caos del momento.

En primer lugar es preciso señalar que la República llegó a España, en parte, a causa de un problema militar, concretamente como consecuencia del enfrentamiento entre el antiguo cuerpo de Artillería y el último gobierno de Don Amadeo, que presidía Ruiz Zorrilla. El problema surgió porque los oficiales de Artillería se negaron a obedecer al general Baltasar Hidalgo, que había acaudillado el motín de sargentos del cuartel de San Gil y 300 de ellos pidieron la baja, con lo que al gobierno no le quedó más alternativa que dimitir o disolver el cuerpo. Planteada la cuestión en las Cortes, éstas dieron el 7 de febrero de 1873 un voto de confianza al gobierno, y al día siguiente fue disuelto el cuerpo y relevados sus oficiales por suboficiales recién ascendidos. Don Amadeo firmó el decreto de disolución, pero habiéndolo hecho contra su voluntad, el día 11 abdicó.

Aún no hacía un mes que había sido disuelto el cuerpo de Artillería y proclamada la República, cuando en Cataluña surgió otro grave problema político-militar, pues si en su aspecto político se trataba de una petición de autonomía formulada por la Diputación, en forma más o menos radical, en el aspecto militar significó un desmoronamiento total de la disciplina y un motín de la tropa que, amparada por la Diputación, se insubordinó contra sus oficiales y planeó manifestarse el 5 de marzo en la plaza de San Jaime para obtener la licencia. El historiador Lafuente, comentando estos hechos escribió: «Se produjeron escenas de vergüenza para los republicanos, de desdoro para el Ejército, de espanto para la ciudad, de tristeza para la Patria y de alegría para los carlistas y otros.» [49]

En el mes siguiente —abril— se produjo otro problema político-militar, como consecuencia del enfrentamiento entre el Partido Radical de Ruiz Zorrilla

49. Modesto Lafuente, *Historia general de España*, Ed. Montaner, Barcelona, 1882, tomo VI, p. 705.

(derechas, en aquel momento) y el Republicano Federal de Pi i Margall (izquierdas). Los radicales tenían mayoría en las Cortes y los federales, en el gobierno, situación que había de producir el lógico enfrentamiento entre ambos poderes. Así sucedió al fin en forma violenta durante la noche del 22 al 23 de abril. El marqués de Sardoal, jefe de la Milicia Nacional, que pertenecía al Partido Radical, la concentró en la plaza de toros, pero Pi i Margall se movió con rapidez: reunió a los «voluntarios de la República», llamó a los generales adictos e hizo bombardear la plaza de toros. La Milicia se disolvió, y los generales del Partido Radical huyeron a Francia (Serrano) o fueron arrestados (Topete). Se disolvieron las Cortes y el gobierno, controlado por el Partido Federal, quedó como dueño único de la situación.

El gran problema militar y político del país fue la revolución cantonal. Si las guerras carlistas han sido en parte desfiguradas, disminuyéndose la importancia del localismo, la revolución cantonal ha sufrido análoga desfiguración, aunque en sentido contrario: aumentándose la importancia de aquél y olvidando que la sublevación fue también una revolución social, como lo prueba el que sus primeras medidas consistieron en repartir la tierra en varios lugares, considerar la propiedad colectiva en Sevilla, establecer una escala progresiva de impuestos en Granada, etc. No es éste el lugar adecuado para tratar un tema tan delicado, pero conviene señalar que aun cuando en aquel momento muchos generales apoyaban al Partido Radical (antiguo progresista de Prim), había algunos que eran federales y se pusieron al lado de la revolución: Contreras en Cartagena, Eguía en Cádiz (en unión del anarquista Salvaechea), Pierrad en Sevilla, etc.

La caótica situación que atravesaba el país, debida en parte a la actitud de los miembros de su propio partido, hizo dimitir a Pi i Margall el 18 de julio de 1873. Le sustituyó en la presidencia Nicolás Salmerón, que decidió aplastar la revolución y nombró capitanes generales de Andalucía y Valencia a Pavía y Martínez Campos, respectivamente. El primero, con poco más de 2 000 hombres, tomó Córdoba el 23 de julio, Sevilla el 30, Cádiz el primero de agosto y Granada a mediados del mismo mes, acabando con la revolución en Andalucía. Mientras tanto, Martínez Campos tomó Valencia el 8 de agosto y poco después Murcia; Cartagena siguió resistiendo aún algún tiempo, y al fin fue tomada por el general López Domínguez siendo presidente Castelar.

Por último, es preciso reseñar otro suceso militar que, indirectamente, tuvo gran trascendencia política: un plante de oficiales ante el capitán general de Madrid con motivo de despedirse de él para ir a combatir a los carlistas de Cataluña. Parece que los oficiales exigieron al capitán general que se restableciera la disciplina, como condición para marchar al combate, lo que llevaba implícito el restablecimiento de la pena de muerte, ya que en algunas unidades los soldados habían llegado incluso a asesinar a sus oficiales. Aunque el capitán general inicialmente arrestó al portavoz de los oficiales, éstos, reunidos en el salón de los capellanes, recogieron 1 200 firmas, y las Cortes decidieron el 9 de agosto restablecer aquella pena, lo que acarreó la dimisión del presidente Salmerón, contrario a ella.[50] Fue sustituido por Emilio Castelar, el 7 de septiembre. Con él volvieron a sus puestos los oficiales de Artillería, se reorganizaron el Ejército y la Milicia Nacional (que se había opuesto a Pi i Margall), y se restablecieron el sistema de quintas y la pena de muerte. Castelar contó con el apoyo de los antiguos generales radicales, como Serrano y Topete, y de otros más conservadores como Pavía y Martínez Campos; sin embargo, su actitud conservadora determinó su derrota en las Cortes por 120 votos contra 100, el 3 de enero de 1874. Esta votación adversa desencadenó la intervención del general Pavía, capitán general de Madrid, y el fin de la República.

Pavía instauró un gobierno interino, que preparó el camino para la restauración de la Monarquía, que se llevó a cabo por el mismo sistema que su derrocamiento: el 28 de diciembre de 1874 el general Martínez Campos, con la brigada de Dabán, proclamó Rey a

50. A Payne esta explicación —dada por el propio Salmerón— le parece poco lógica. Según este historiador, el auténtico motivo de su dimisión fue que el cantón de Málaga estaba fuertemente protegido por uno de sus ministros, quien amenazó con dimitir si se tomaba el cantón, mientras el general Pavía amenazaba también con la dimisión si no se le permitía ocupar la ciudad. Headrick comparte la opinión de Payne. El autor de esta obra cree, por el contrario, la explicación dada por el propio Salmerón. Además, dimitir por fidelidad a sus principios era una pauta de comportamiento frecuente en la España del siglo XIX.

Alfonso XII, cerrándose así el primer período de los pronunciamientos españoles que había proporcionado al país una gran inestabilidad, y demostrado la poca capacidad de los militares para el gobierno.

Golpes de Estado y lucha de clases (1923-1936)

PRIMO DE RIVERA SEMBRÓ LA MALA SEMILLA

Cuando el 13 de septiembre de 1923 el capitán general de Cataluña, don Miguel Primo de Rivera, dio su golpe de Estado, hacía ya 40 años que no se producían pronunciamientos, por lo que se había desarrollado, en alguna medida, una tradición de gobierno civil y cierta conciencia de que la legitimidad del poder era inaccesible al golpismo. Y a ello había contribuido el que las últimas intentonas —protagonizadas por la Asociación Republicana Militar—, además de fracasar, contaron con escaso apoyo popular y fueron desautorizadas incluso por sus posibles beneficiarios políticos.[1]

No debe extrañar, pues, que cuando Primo de Rivera sondeó a los más importantes generales para conocer su actitud ante el golpe que preparaba, recibiese

1. Léase en esta misma obra el epígrafe titulado «Tres períodos históricos», p. 13. Sobre la Asociación Republicana Militar, el epígrafe titulado «Las sociedades secretas como causa de los pronunciamientos», p. 69.

abundantes respuestas negativas (sólo el general Palanca de Zaragoza le apoyó, mientras que los demás capitanes generales, incluidos los de Marina, expresaron su apoyo al gobierno) e incluso alguna jocosa, como la del teniente general más antiguo, Aguilera, que al parecer le contestó: «Usted delira; en este movimiento no le sigue ni su asistente...» [2] De hecho, los que prepararon la conspiración con él no pasaban de media docena.[3] Otro hecho demostrativo del arraigo que ya tenía la conciencia de que la legitimidad política es inalcanzable al golpista, fueron las actitudes del propio dictador tras su triunfo, actitudes no sólo distintas a las de Franco (que negó la legitimidad de las urnas), sino totalmente contrapuestas. Así, aquél no se proclamó caudillo ni generalísimo; no pretendió ser un gobernante providencial y vitalicio (inicialmente) sino transitorio, y en su primera declaración a la prensa, entre otras cosas, dijo: «Sé que algunos han asegurado que nosotros pretendemos destruir la Constitución. La mera sugerencia de esta intención es para nosotros un insulto... Yo declaro que de ninguna manera modificaremos ningún punto esencial del código básico del Estado español.» La supremacía de la Constitución y su legitimidad era, pues, patente, incluso para el mismo Primo de Rivera, en 1923.

Lamentablemente, su intervención fue una mala se-

2. José Ramón Alonso, *Historia política del Ejército español*, Editora Nacional, Madrid, 1974, p. 494.

3. E. López Ochoa, *De la dictadura a la República*, Ed. Zeus, Madrid, 1930, p. 30.

Miguel Primo de Rivera, general que protagonizó un golpe de Estado militar (setiembre de 1923) y que, con el acuerdo del rey Alfonso XIII, dirigió una dictadura que duró más de seis años.

milla que dio como fruto la resurrección de la práctica del pronunciamiento y la intervención de los militares en la política, en un momento en que tan nefastas prácticas ya estaban superadas. Así lo reconoce incluso una figura tan próxima a Primo de Rivera como el general Dámaso Berenguer (que le sucedería en la jefatura del gobierno) cuando escribe: «Antes del golpe del 13 de septiembre, ni la política ni el régimen eran temas de los que la oficialidad se ocupara en la intimidad de sus cuerpos de guardia y lugares de reunión... Las mismas Juntas de Defensa no fueron nunca decididamente políticas en el sentido que pudiera tener relación con el régimen; su atención y sus actividades no solían apartarse de los asuntos de índole puramente militar: nivel técnico, escalas, ascensos, igualdad de Armas...» [4] Desgraciadamente, tras el golpe todo cambió: los oficiales pasaron a ocupar cargos políticos, desde ministros (camuflados bajo el nombre de consejeros) hasta más de 600 delegados militares para supervisar la administración local. Por otra parte, a causa del golpe y la subsiguiente dictadura, los militares liberales organizaron dos pronunciamientos (la sanjuanada de 1926 y el de Sánchez Guerra en 1929) y una sociedad secreta, la Asociación Republicana Militar, que además protagonizó durante la dictablanda un tercer pronunciamiento en Jaca y Cuatro Vientos. Desencadenada esta dinámica se producirían en 1932 la sanjurjada y en 1936 el llamado Al-

4. DÁMASO BERENGUER, *De la dictadura a la República*, Plus Ultra, Madrid, 1946, p. 221.

zamiento, detrás del cual estaba otra sociedad secreta: la Unión Militar Española. En resumen, la iniciativa de Primo de Rivera dio lugar a seis golpes de Estado en el breve plazo de 13 años (1923-1936), la resurrección de las sociedades secretas militares, una guerra civil y dos dictaduras militares, especialmente la segunda, de larga duración.

LAS CAUSAS EXÓGENAS DE LOS GOLPES: EXISTÍAN CONDICIONES OBJETIVAS

Al intentar analizar las causas que motivaron las dos intervenciones más importantes de este período, las dos que por triunfar marcaron nuestra historia, debemos señalar en primer lugar la existencia de unas condiciones objetivas favorables a una solución violenta. En efecto, la situación social en 1923, y aún más en 1936, era de una gran tensión entre las clases sociales: los obreros eran explotados de una forma inicua, y el Partido Socialista contestaba con unos planteamientos políticos radicales —muy distintos y distantes de los actuales del PSOE— que implicaban la total transformación del orden social (abolición de la propiedad privada de las empresas, nacionalización de la banca y la bolsa, reforma agraria, disolución de las órdenes religiosas, reducción del Ejército, etc.) y hacían que la clase propietaria y parte de la media se sintiesen agredidas y acorraladas. Esta atmósfera, tensa y enrarecida, propiciaba la aparición del terrorismo, anarquista primero y fascista después.

La tensión y la lucha de clases habían llegado a hacer tan difícil la convivencia, a erosionar tan gravemente el orden social por el terrorismo, las huelgas y el generalizado desgobierno, que se fue pudriendo la fe en las instituciones democráticas. Ello permitió que el golpe de Primo de Rivera fuese inicialmente apoyado por sectores muy amplios de la burguesía y las clases medias. Francesc Cambó, dirigente del nacionalismo catalán de derechas, que al principio también apoyó el golpe, poco después escribió con amargura: «Cuando los ciudadanos no vibran por grandes ideales, cuando no sienten el orgullo de ser ciudadanos y no tienen el coraje de luchar para mantener su dignidad, la libertad está a punto de morir y el tirano ya está detrás de la puerta de la casa... Una sociedad materializada no tiene otra preocupación que el mantenimiento del orden material, que le permita gozar tranquilamente de sus riquezas, y considera frecuentemente que el mantenimiento de ese orden está más seguro bajo el gobierno absoluto de un hombre que con el funcionamiento más complejo de unas instituciones. Una sociedad materializada y egoísta es siempre una sociedad cobarde: quiere mantener el bienestar... ¡Qué le importa la libertad política mientras conserve el gozar de sus riquezas! Al gobernante no le pide ideales, ni programas, no le pide más que mano dura para garantizar el orden público aun a costa de todo, si es preciso hasta de la justicia.»[5] Estas frases reflejan con bastante claridad las razones por las que la burguesía apoyó inicialmente a Primo de Rivera, y después con más énfasis a Franco, durante bastantes años.

En realidad, como telón de fondo de esta época histórica, estaba una auténtica inoperancia de la democracia española debida a un acentuado parlamentarismo, que al dar un excesivo poder a las Cortes sobre los gobiernos, hacía que éstos fuesen poco operativos y de corta duración. En los 49 años que mediaron entre la Restauración (1874) y la dictadura (1923) hubo 62 gobiernos, cifra excesiva que arroja una media de sólo nueve meses para cada uno.[6] Mientras la tensión social no alcanzó un grado elevado, el sistema subsistió, pero cuando el conflicto social se agravó, se vio incapacitado para resolverlo.

A mayor abundamiento, España vivía en 1923, y con

5. FRANCESC CAMBÓ, *Las dictaduras*, Espasa Calpe, Madrid, 1929, p. 96.

6. La Constitución de la Restauración (1876), como la de la República (1931), dieron excesiva preeminencia al legislativo y no establecieron un ejecutivo fuerte ni unos mecanismos que propiciasen la continuidad de los gobiernos. En este sentido, eran totalmente distintas de la actual (1978) ya que, como es sabido, actualmente la votación de censura (siguiendo la pauta alemana) sólo puede fructificar en la medida que implique la investidura de otro jefe de gobierno.

De todas formas, en aquel momento histórico España no fue excepción: entre 1871 (tercera República) y 1914 (guerra europea), período de 43 años, Francia tuvo 54 gobiernos. Entre 1871 y 1930 se nombraron 1 026 ministros. Hubo quien llegó a ser ministro 20 veces, en el país vecino.

mayor fuerza en 1936, la tensión entre un nacionalismo español, intransigente, uniformista y centralista, y un nacionalismo catalán también muy distinto del actual, pues era exaltado, disgregador y próximo al independentismo. En su interior se movían grupos minoritarios, radicales e inmaduros, que hacían constante ostentación de sus planteamientos maximalistas y atacaban sistemáticamente los símbolos del Estado español, especialmente la bandera.

No hace falta decir que todos estos hechos —los desórdenes, las huelgas, la inflación, el paro y, sobre todo, el terrorismo, el separatismo y los ataques a la bandera—, al repercutir en los cuarteles, producían gran crispación (especialmente durante la República, época en que eran magnificados por Calvo Sotelo, que combinando el catastrofismo político con el terrorismo verbal, se dedicaba desde el Parlamento a desestabilizar el sistema y a dar apoyatura argumental al terrorismo blanco). En este sentido quisiéramos destacar que la intervención de Primo de Rivera se produjo después de un verano en el que el terrorismo alcanzó sus máximas cotas en Barcelona (en los seis meses anteriores se produjeron allí 53 muertos y 102 heridos), y dos días después de la *Diada* de Cataluña (el 11 de septiembre), fecha en la que unos nacionalistas quemaron banderas de España ante el monumento a Casanova.[7] Posiblemente estos hechos lograron vencer

7. Con una ceguera política suicida, este acto se producía cuando ya Primo de Rivera había reunido a los jefes de cuerpo en capitanía y estaba pendiente de su respuesta.

las resistencias de los militares liberales de la guarnición contra la tentativa primorriverista, permitiéndole dar el golpe. Por otra parte, cuatro días antes de aquél, los días 7 y 8 de septiembre, Primo de Rivera hizo en Madrid unas importantes declaraciones insistiendo en que se debían tomar severas medidas para acabar con la lucha de clases en Cataluña.

En 1936 se reproducía la situación anterior. La lucha de clases, así como el terrorismo, la inflación, el paro, etc., se veían además especialmente potenciados por la repercusión de la crisis económica del 29, la autonomía de Cataluña era más importante con el Estatut y la Generalitat que con la vieja Mancomunidad de Diputaciones, y la agresividad de la izquierda se manifestaba especialmente temible tras la victoria del Frente Popular en febrero del 36 y la destitución por el Parlamento del presidente de la República. Todo hacía presagiar que la tragedia estaba a punto de estallar...

EUROPA ANTE LA REVOLUCIÓN Y EL FASCISMO

Una segunda causa de la resurrección de las intervenciones militares y de las consiguientes dictaduras, posiblemente esté en la situación internacional de aquel momento histórico: Por una parte la revolución se extendía: en 1910 fue derribada la monarquía portuguesa, al año siguiente triunfó la revolución mexicana, en 1917 la rusa, un año más tarde los espartaquistas dominaban Berlín, y al otro Bela Kun estableció una república comunista en Hungría. Estos hechos repercutieron en España, y sus ecos llegaron hasta la tropa. En 1911, por ejemplo, se insubordinaron en Tánger los marineros del *Numancia,* y cuando, tras fracasar, fue detenido el jefe del motín, fogonero Sánchez Moya, exclamó: «¡Qué lástima! ¡Yo habría podido ser el Machado dos Santos español!», alusión clarísima a la revolución que había triunfado en Portugal diez meses antes. No fue el único caso, pues hubo algunos motines más: en Zaragoza en 1920, en Málaga en 1922, etc.

No hace falta insistir en que todos estos hechos producían irritación a los militares y temor a la burguesía y a la clase media, y cuando apareció el fascismo italiano y después el alemán, esas clases quedaron hondamente impresionadas, ya que ante la amenaza revolucionaria preferían una dictadura —por las razones que Cambó daba y se han copiado antes— que una democracia en la que existiese el riesgo de un triunfo revolucionario.

Cuando en noviembre de 1923 Alfonso XIII fue a Roma para entrevistarse con Víctor Manuel y Mussolini, acompañado de Primo de Rivera, al presentárselo dijo al monarca italiano: «Te presento a mi Duce», frase humorística, pero reveladora al fin del mimetismo que facilitó la llegada de la dictadura. En efecto, cuando Primo de Rivera tomó el poder, aún no se había cumplido un año de la marcha sobre Roma (28-10-1922). No es pues difícil suponer que de alguna manera le influyó. Según Payne, a un periodista que le preguntó sobre ello le contestó: «No ha sido necesario imitar a los fascistas o a la *gran figura* de Mussolini, aunque sus actos han sido un *útil ejemplo para todos.*» [8]

La posible influencia extranjera se convierte, como es de sobra sabido, en descarada ayuda financiera y militar en el golpe de Franco, y no sólo por el apoyo material y humano, sino también por los grandes préstamos ideológicos, por el mimetismo extranjerizante que penetró en todos los ámbitos de la vida política, desde los institucionales (el caudillaje, la democracia

8. PAYNE, op. cit., p. 171. Javier Tusell, en conferencia pronunciada en la universidad Menéndez y Pelayo de Santander en agosto de 1981, demostró las estrechas relaciones entre ambos. LÓPEZ OCHOA, op. cit., p. 83.

corporativa, el sindicato amaestrado, etc.) hasta la mística de símbolos externos (canciones traducidas, saludos romanos, uniformes paramilitares, etc.), y esta influencia fascista se prolongó durante la primera mitad de la dictadura de Franco (20 años), de hecho hasta que los tecnócratas del Opus impusieron unas pautas de racionalidad y desarrollismo que acabaron con la influencia prepotente de los sectores falangistas.

EL REPUDRIMIENTO DE LA DISCIPLINA

Si del análisis de la sociedad civil se pasa al de la institución militar, se encuentran nuevas explicaciones, nuevas causas que nos aclaran la razón por la que se dieron los dos golpes. En primer lugar, la disciplina, que en el Ejército español nunca fue excesiva, como prueban la historia ininterrumpida de motines en la época de Flandes [9] o de pronunciamientos en el si-

9. A diferencia del Ejército de Prusia, que era un Ejército de siervos, en el que se impuso un orden cerrado y una serie de prácticas tendentes a fomentar la disciplina, el Ejército español —pese al conocido verso de Calderón— era profundamente indisciplinado, pues sus miembros eran ciudadanos libres reclutados a veces a la fuerza o con engaño, y en ocasiones, vagabundos y maleantes. Véase GEOFFREY PARKER, *El Ejército de Flandes y el camino español (1567-1659)*, Revista de Occidente, Madrid, 1976, pp. 231 a 255. Los motines por falta de pagas eran endémicos, especialmente en las tropas en campaña. Hechos de esta clase vinieron acaeciendo hasta el siglo XIX: por ejemplo, durante la guerra carlista.

Gonzalo Queipo de Llano, general que tomó parte en el fracasado levantamiento antimonárquico de Cuatro Vientos (octubre de 1930) y se exilió a Portugal. Durante la II República desempeñó cargos oficiales y en 1936 participó en la conspiración nacionalista.

glo XIX, se había deteriorado durante la Restauración, como consecuencia de la labor corrosiva de la prensa militar: *El Ejército español, El correo militar* y, especialmente, *La correspondencia militar,* que sistemáticamente presentaba al Congreso de los Diputados como principal culpable de los males que aquejaban al Ejército, creando así un clima adecuado a la destrucción de la parte más alta y más noble de la disciplina, que entronca con el patriotismo y establece la subordinación del Ejército a España o, si se prefiere, del poder militar (los generales) al poder político (el gobierno).

La correspondencia militar, que Vanaclocha[10] considera representativa de un radicalismo militar-burgués, inculcó reiteradamente a sus lectores cuatro razones para descalificar al Congreso, su gran bestia negra: las elecciones estaban manipuladas, las Cortes no eran capaces de resolver los problemas militares, en ellas no estaban representados los intereses del Ejército y los partidos no atendían al bien de España, sino al suyo propio, por lo que el Ejército, y más concretamente los propios oficiales, debían resolver sus propios problemas. En consecuencia, cuando la prensa hacía alguna crítica al Ejército, los oficiales —que además suelen tener una excesiva suspicacia ante la letra impresa y aceptan mal la crítica— reaccionaban

10. FRANCISCO J. VANACLOCHA, *Bases del antiparlamentarismo militar español* (Tesis doctoral inédita, pero publicado un extracto en *Revista de Derecho Político*, núm. 8, invierno de 1981, Madrid, Complutense).

airadamente,[11] y en la década 1895-1905 se produjeron como mínimo seis asaltos a periódicos: en 1895 y en Madrid, *El resumen* y *El globo*; en 1897, *El resumen* de La Habana; en 1905, *Cu-cut* y *La veu* de Barcelona; y, por último, un periódico de Alcoy.

Los asaltos citados de Barcelona provocaron una gran crispación. Realizados por unos 200 oficiales, fueron de hecho apoyados por un importante sector del Ejército, que estaba empezando a tomar una actitud activa frente al nacionalismo catalán, y el Rey se decantó —como años después haría ante el golpe de Primo de Rivera— en favor de los militares y en contra del poder político, por lo que el gobierno dimitió. El nuevo gobierno presentó la famosa *ley de jurisdicciones,* según la cual el Ejército se convertía en juez de las injurias que se vertiesen contra él. El 20 de marzo de 1906 la ley fue aprobada, casi unánimemente, por unas Cortes que ya habían abandonado los catalanistas, los carlistas y los republicanos. «De esta manera —comenta Payne—,[12] el poder privilegiado del Ejército, que había sido suspendido desde 1873, fue restaurado y se dio así el primer paso hacia la admisión de la intervención directa de los militares en los asuntos civiles.» Esta intervención judicial duró (exceptuando un breve paréntesis republicano) hasta 1980.[13]

11. Las críticas de algunos de estos periódicos, por ejemplo, del *Cu-cut,* eran desmedidas, injustificadas e injuriosas.
12. PAYNE, op. cit., p. 84.
13. Los procesamientos por la jurisdicción militar de gran número de periodistas e importantes figuras de la cultura, como Albert Boadella, Pilar Miró, etc., obligó a la derecha a aceptar la

El segundo gran problema en la relación entre el poder militar y el civil se produjo como consecuencia de las *Juntas de Defensa,* que tuvieron carácter más o menos legal desde 1917 a 1922. Nacieron en 1916 en Barcelona (donde diez años antes se habían producido los asaltos que acabamos de relatar) y al año siguiente se habían extendido a la mayoría de las guarniciones. El gobierno de Romanones vio con malos ojos su organización, pero no quiso enfrentarse con el problema y dimitió el 10 de mayo. Le sustituyó García Prieto, que nombró ministro al teniente general Aguilera, el cual ordenó al general Alfau, capitán general de Cataluña, que disolviese las Juntas. Como su actitud fue al parecer poco enérgica, lo destituyó el 28 de mayo y nombró en su lugar al general Marina. Éste detuvo a los dirigentes de las Juntas, pero la guarnición de Barcelona se solidarizó con ellos y esta actitud, unida a la de Alfonso XIII —igual que cuando la ley de jurisdicciones y que cuando el golpe de Primo de Rivera, al revés que don Juan Carlos el 23 de febrero—, provocó una segunda dimisión del gobierno el 9 de junio. Dos días después subió al poder Eduardo Dato, y lo primero que hizo fue aprobar el reglamento de las Juntas de Defensa. El ejemplo cundió y los oficiales de reserva, los suboficiales e incluso los funcionarios civiles formaron Juntas semejantes.

En octubre de 1917, las Juntas llegaron a contar

---

supresión de la ley de jurisdicciones, modificando el Código de Justicia Militar.

con varios miles de oficiales [14] y provocaron una tercera crisis ministerial exigiendo la dimisión del gobierno en un plazo de 72 horas. Los junteros deseaban una renovación nacional, que debía estructurarse a través de la convocatoria de unas Cortes Constituyentes. Presidido de nuevo por García Prieto, el gobierno dimitió y el Rey nombró un gabinete de concentración nacional. Su nuevo ministro de la Guerra, Juan de la Cierva, preparó una ley de reorganización del Ejército, con la que logró calmar el descontento de los oficiales, y así el proyecto de elaborar una nueva Constitución nacional poco a poco se fue olvidando. Por último, el 19 de marzo de 1918, dimitió La Cierva y con él cayó el gobierno. Fue la cuarta y última crisis provocada por las Juntas de Defensa.

Las Juntas, como sindicato de oficiales, tenían que dar mal resultado y fueron, efectivamente, continua fuente de discordias: en diciembre de 1917, el jefe de las Juntas, coronel Benito Márquez, chocó con el ministro de la Guerra y fue destituido por sus compañeros. A principios de 1918, se disolvieron las Juntas de suboficiales por crear problemas de disciplina. En octubre de 1919 se produjo un desagradable incidente entre la Junta de Infantería y los oficiales de esta Arma, alumnos de la Escuela de Estado Mayor. El resultado fue la expulsión del Ejército, mediante tribunales de honor, de 23 capitanes alumnos de la escuela. Por último, en 1922, se produjeron fuertes roces entre los

14. BENITO MÁRQUEZ, *El heraldo militar* (diario) del 24 de octubre de 1917. Da la cifra de 9 000, posiblemente exagerada.

junteros y algunos africanistas como Millán Astray, García de la Herranz, etc. Al fin, el gobierno procedió a su disolución.[15]

En resumen, todos los hechos hasta ahora narrados, las críticas acervas de la prensa militar (que se permitía criticarlo todo, pero que no toleraba que a los militares se les criticase nada), la vergonzosa renuncia del poder político que significaron la aprobación de la ley de jurisdicciones y el reglamento de las Juntas de Defensa (en ningún país del mundo se ha legalizado jamás un sindicato de oficiales, ya que implica la aceptación de un poder militar paralelo que, de hecho, es más fuerte que el civil) y especialmente la actitud personal de Alfonso XIII ayudaron a crear la idea de que el poder militar en vez de estar subordinado al civil era paralelo a él, una especie de Estado dentro del Estado, y que ambos poderes, el civil y el militar, paralelos e iguales, dependían directamente del Rey.

Esta teoría, peregrina en lo conceptual y tremendamente peligrosa para la estabilidad política del país, pudo desarrollarse principalmente por culpa de Alfonso XIII, de su juventud, inexperiencia e imprudencia. En efecto, desde que en 1902 fue proclamado mayor de edad, comenzó a asistir a los consejos de ministros y a interferir en la dirección de los asuntos militares, que tendía a considerar como cosa propia. En 1903

15. El 14 de noviembre de 1922, Sánchez Guerra leyó en el Parlamento el decreto de disolución de las Juntas (entonces llamadas informativas) con el aplauso unánime de la Cámara.

cayó el gobierno por negarse el ministro del Ejército a nombrar al candidato del monarca, Polavieja, jefe del Estado Mayor del Ejército. El Rey estableció asimismo audiencias separadas para los militares, se apoyó en algunos militares palaciegos de dudoso respeto a la legalidad constitucional, especialmente en el famoso «cuadrilátero» [16] y, lo más grave, fue parcialmente culpable de la aprobación de la ley de jurisdicciones, de la legalización de las Juntas de Defensa y de la dictadura de Primo de Rivera.[17] En los tres casos forzó la dimisión de unos gobiernos que querían mantener la legalidad constitucional, con lo que repudrió la conciencia de la legitimidad del poder político y la disciplina militar y cavó una fosa en la que al fin enterró su propia corona. Hoy España es monárquica gracias a un Rey prudente y demócrata, que ha sabido hacer ver a los españoles la utilidad de la monarquía constitucional. Lamentablemente, su abuelo, Alfonso XIII, consiguió que la mayoría de españoles dejasen de ser monárquicos, a base de interferir reiterada y desafortunadamente el funcionamiento de las instituciones democráticas.

16. La prensa llamó «el cuadrilátero» (quizá en alusión velada a los cuadrunviros del Fascio) a los cuatro generales palaciegos que conspiraron con Primo de Rivera y lograron el visto bueno del Rey. Eran los siguientes: José Cavalcanti (líder del grupúsculo), Federico Berenguer (hermano de Dámaso), Antonio Dabán (hijo del general que se pronunció en Sagunto con Martínez Campos) y Leopoldo Saro.

17. Léase en esta misma obra el epígrafe titulado «Breve relato histórico: el Ejército y la dictadura», p. 114.

MARRUECOS EN EL ORIGEN DE LAS DOS DICTADURAS

Una última causa de las intervenciones de Primo de Rivera y Franco debe buscarse en Marruecos.

Sin embargo, la forma de incidir en los dos pronunciamientos fue totalmente distinta: en el caso de Primo de Rivera la influencia se debió a que las responsabilidades derivadas del desastre de Annual creaban inquietud, malestar y preocupación entre algunos núcleos militares, y un segundo comité investigador parlamentario tenía que presentar su informe a las Cortes que deberían reunirse el 18 de septiembre, o sea cinco días después de la fecha en que se dio el golpe. Hay constancia de que algunos mandos que temían el dictamen del Parlamento recibieron la noticia de dicho levantamiento con gran alborozo. Por otra parte, el tema de Marruecos se había convertido en un auténtico cáncer para el Ejército español, y la mayoría de los oficiales deseaba que se resolviese cuanto antes. Por eso Primo de Rivera, que había sido abandonista toda su vida y había sido trasladado dos veces por defender esta opinión,[18] cambió su postura y anunció

18. El planteamiento de Primo de Rivera era técnico, y sigue siendo totalmente válido. Según su opinión, para cerrar el Estre-

desde el primer momento que uno de sus objetivos sería resolver el problema de Marruecos.

En el caso de Franco, la incidencia presenta caracteres muy diferentes. Marruecos ya ha sido conquistado —o pacificado, por usar una terminología oficial— y allí, como en otras colonias europeas de la época, se ha desarrollado una ideología colonialista, según la cual el militar (como en el siglo XVI el conquistador) era un pionero de Occidente y cumplía la sacrosanta misión de extender la civilización, la ley, el cristianismo, etc. El Ejército realizaba esta noble misión —dentro del esquema antes citado de los poderes paralelos, el civil y militar— al servicio de España y del Rey, pero no al servicio de gobiernos contingentes y pasajeros (cuando no ineptos, corruptos y casi traidores, como le diría al oficial medio el editorial de *La correspondencia militar*), todo lo cual ayudaba a desarrollar la teoría de que el Ejército debe servir a España por encima del gobierno, al que no tiene por qué obedecer cuando no es fiel a la nación. Y como quien decide si el gobierno sirve o no al interés nacional es el propio Ejército, será muy fácil justificar cualquier posible intervención militar. Y si, además, en Marruecos los soldados no son ciudadanos, que por tanto tienen sus

---

cho basta con dominar una orilla, y controlar ambas crea una situación de debilidad, ya que nuestras posiciones en el norte de África (hoy como ayer) siempre serán vulnerables. En consecuencia, Primo de Rivera opinaba que se debería entregar Ceuta a los ingleses, a cambio de Gibraltar. La primera vez que lo expuso fue en Cádiz, en 1917, con motivo de su discurso de ingreso en la Academia Hispanoamericana. La segunda vez, ante el Senado en 1921.

propios criterios sobre la política nacional, sino extranjeros de Regulares o de la Legión, las resistencias a cualquier posible intervención serán mínimas.

En resumen, en las colonias del norte de África, en el Marruecos español en 1936, como en la Argelia francesa veinte años después,[19] se produjo una especie de *boomerang* político que llevó a los militares allí destinados a inmiscuirse en los asuntos políticos de la metrópoli. En este sentido, es preciso señalar el resultado completamente distinto de la sublevación del 36 en las guarniciones de la península, que en general se dividen, y en las de Marruecos, que se incorporan masivamente a la sublevación, pese a notorias excepciones (Romerales, Puente Bahamonde, etc.). Marruecos fue, en efecto, la gran cantera humana del Ejército de Franco, y el famoso paso del Estrecho marcó el principio de su victoria. Por otra parte, la mentalidad colonialista a que acabamos de aludir era perfectamente compatible con la de los sectores ultras que pusieron su ideología al servicio del nuevo Estado español. En realidad, cuando José Antonio dice que «el Ejército es la salvaguarda de lo permanente» o Calvo Sotelo lo define como «columna vertebral de la Patria», están fortaleciendo la ideología colonialista o, al menos, coincidiendo con ella, ya que es precisamente en las colonias (en Marruecos en este momento

19. Uno de los pocos golpes de Estado habidos en Francia fue el de los paracaidistas de Argelia en 1956, como consecuencia del cual cayó la IV República y De Gaulle accedió a la presidencia de la V República. En 1961 se produjo un segundo golpe de Estado contra él, también en Argelia.

Ramón Franco Bahamonde, comandante de aviación que junto con otros militares conspiró contra la monarquía y tomó parte en la operación de Cuatro Vientos (octubre de 1930). Durante la República colaboró en el intento de sublevación anarquista de Andalucía (junio 1931) y, más tarde, durante la guerra civil, luchó en el bando nacional.

histórico) en donde el Ejército es el eje de la Administración del Estado, pues allí acumula las competencias de la Administración civil.

BREVE RELATO HISTÓRICO: EL EJÉRCITO Y LA DICTADURA

Ya se ha indicado antes que cuando Primo de Rivera se dirigió a los capitanes generales el día 9 de septiembre para conocer su actitud ante el golpe que preparaba, sólo uno, el general Palanca, capitán general de Zaragoza, se sumó a la sublevación hábilmente trabajado por Sanjurjo, mientras todos los demás decidieron apoyar al gobierno. Entonces, ¿por qué triunfó el golpe? Simplemente por la actitud de Alfonso XIII, opuesta a la de su nieto Juan Carlos el 23 de febrero del 81. Alfonso XIII recibió a cuatro generales palaciegos, el ya citado «cuadrilátero», que eran el soporte conspirativo de Primo de Rivera, y decidió apoyarlos, negándose a firmar las destituciones de los capitanes generales de Barcelona y Zaragoza, con lo que decantó las Fuerzas Armadas en favor de la sublevación.[20]

20. El gobierno reaccionó ante la rebeldía de Primo de Rivera con la debida energía, decidió destituirlo y nombrar capitán gene-

Sin embargo, la conciencia constitucional tenía entonces fuerte arraigo en el Ejército, y cuando se vio que la dictadura no deseaba resolver los problemas del momento sino instalarse en el poder, comenzaron las conspiraciones en favor de la recuperación de la libertad. El primer intento se produjo el 24 de junio, día de san Juan, por lo que se llamó *la sanjuanada*. El alma de la conspiración fue el coronel laureado Segundo García, y con él se comprometieron el capitán general Weyler, los generales Aguilera y Batet, este último gobernador militar de Tarragona, y destacadas personalidades civiles, como el doctor Marañón y Marcelino Domingo. Fracasado el golpe y apresados los culpables, fueron juzgados el 18 de abril de 1927, siendo condenados a ocho años de prisión el coronel laureado Segundo García y a seis años Bermúdez de Castro.

En septiembre de 1926, los artilleros rechazaron un proyecto de reforma del sistema de ascensos y comenzaron una serie de conflictos entre el dictador y el Arma de Artillería, que culminaron con la disolución del Cuerpo y la entrega de sus unidades a Infantería. El director de la Academia de Segovia, coronel Marchesi, se resistió a cumplir las órdenes recibidas, por

---

ral de Cataluña a Weyler, que tenía orden de detenerle. El Rey se negó a firmar y, además, recibió a los conspiradores. Antes del cambio de actitud del Rey, Primo de Rivera consideraba tan precaria su situación que llegó a comentar: «Si vienen a luchar contra nosotros estamos perdidos.» (LÓPEZ OCHOA, *De la dictadura a la República*, Ed. Zeus, Barcelona, 1932, p. 31.)

lo que fue condenado a muerte, si bien se benefició del indulto. Asimismo se resistió el regimiento de Artillería de Pamplona, y murió defendiendo su Arma el teniente Tordesillas.

El 29 de enero de 1929 José Sánchez Guerra, jefe del Partido Conservador, desembarcó en Valencia, procedente de Francia, donde estaba exiliado, con la esperanza de que se sublevase la guarnición, al parecer comprometida con él. Sin embargo, a la hora de la verdad sólo se sublevó un regimiento de Infantería y otro de Artillería de Ciudad Real, por lo que los alzados decidieron entregarse. Estaban complicados en este pronunciamiento Lerroux, Azaña y la Asociación Militar Republicana. Sánchez Guerra permaneció preso varios meses, y tras un consejo de guerra fue absuelto. Al parecer, el cuerpo de Artillería, que había sido reorganizado, estaba comprometido en el pronunciamiento, lo cual, unido a los sucesos antes narrados, provocaron la segunda disolución del Cuerpo y el cierre de la academia el 19 de febrero de 1929.

El 26 de enero de 1930, sabedor Primo de Rivera de que se estaba preparando un nuevo golpe militar contra él, dirigió a los altos jefes militares una circular preguntándoles si consideraban conveniente que continuase la dictadura. Al parecer existía una amplia conjuración militar,[21] organizada por los comandantes Ramón Franco y Sandino y el capitán Menéndez; tras

21. BERENGUER, op. cit., pp. 58 y 222, dice que la conspiración se preparaba abiertamente en Andalucía y Levante y que después él pudo comprobar contaban con parte de la Aviación.

ellos estaban los generales Queipo de Llano, Cabanellas y Goded,[22] este último gobernador militar de Cádiz y amigo íntimo del infante don Carlos de Borbón, capitán general de Andalucía y primo hermano del Rey, que le explicó lo que se fraguaba.[23] Decidió entonces el Rey acabar con la dictadura para evitar el pronunciamiento. En su circular, Primo de Rivera decía: «Como la dictadura advino por la proclamación de los militares, a mi parecer interpretando sanos anhelos del pueblo, que no tardó en demostrarle su entusiasta adhesión, con la que, más acrecida aún, cree seguir contando hoy, ya que esto último no es fácil de comprobar con rapidez y exactitud numéricamente y lo otro sí, a la primera se somete, y autoriza e incita a los diez capitanes generales, jefe superior de las fuerzas de Marruecos, tres capitanes generales de los departamentos marítimos y directores de la Guardia Civil, carabineros e inválidos, a que, tras breve, discreta y reservada exploración, que no debe descender de los primeros jefes de unidades y servicios, le comuniquen por escrito, y si así lo prefieren se reúnan en Madrid, bajo la presidencia del más caracterizado para tomar acuerdos y se le manifieste si sigue mereciendo la confianza del Ejército y de la Marina...

22. PAYNE, op. cit., p. 278.
23. Don Carlos de Borbón había enviado al Rey una carta primero y luego a su propio hijo, que era militar, para que le informase. Por otra parte, la dictadura se encontraba ya muy deteriorada por los incidentes con la Artillería, las huelgas de estudiantes y obreros, etc. Tanto era así que, a principios de enero, tres ministros de su propio gobierno le habían pedido por carta que restableciese la legalidad constitucional.

El Ejército y la Marina en primer término me eligieron dictador, unos con su adhesión, otros con un consentimiento tácito: el Ejército y la Marina son los primeros llamados a manifestar, en conciencia, si debo seguir siéndolo o debo resignar mis poderes.» La respuesta de los jefes del Ejército y la Marina constituyó un rotundo fracaso para Primo de Rivera, y dos días después dimitió.

Esta actitud del Ejército, ajena a la defensa del sistema gobernante, se repitió en abril de 1931, cuando, a raíz de conocerse los resultados desfavorables a la monarquía en las elecciones municipales, el general Berenguer, a la sazón ministro del Ejército, se dirigió a los capitanes generales para sondear su opinión. Sus respuestas hicieron posible la proclamación de la República sin derramamiento de sangre.

LA «DICTABLANDA» Y LA REPÚBLICA

Durante los quince meses que mediaron entre la caída de la dictadura y la proclamación de la República se produjo un pronunciamiento. Existía una amplia conjuración dirigida por Alcalá Zamora, Miguel Maura, Largo Caballero, Fernando de los Ríos, Casares Quiroga y Albornoz, que habían firmado un manifiesto contra la monarquía y se hallaban por tal motivo presos en la cárcel Modelo de Madrid, y con ellos estaba conjurado un grupo de militares de la Asociación Republicana Militar, que en líneas generales eran los mismos que un año antes habían organizado un complot para derribar a Primo de Rivera. El pronunciamiento debía producirse el 15 de diciembre de 1930, y la CNT se comprometía a apoyarlo declarando la huelga general obrera. Sin embargo, por fallos en la coordinación, el capitán Galán y el teniente García Hernández sublevaron la guarnición de Jaca al amanecer del día 13. Avanzaron con sus tropas en dirección a Zaragoza, pero fueron derrotados en Ayerbe por el general Dolla, y fusilados tras juicio sumarísimo. Tal como estaba convenido, el día 15, instigados por los comandantes Ramón Franco y Sandino, se sublevaron los oficiales de Aviación del aeródromo de Cuatro Vientos, a las órdenes del general Queipo de Llano. Volaron sobre Madrid, arrojando octavillas para animar a las tropas a sublevarse y a los obreros a declarar la huelga general, pero nadie les siguió, por lo que los aviadores huyeron, refugiándose Queipo de Llano en Francia y Ramón Franco en Portugal.

El juicio que sobre Galán y sus compañeros de Jaca formularon posteriormente los republicanos es francamente contradictorio. Lerroux, por ejemplo, ha escrito: «Sin los fusilamientos (de Jaca) no hubiese habido República.» Por el contrario, Miguel Maura opina que «Galán no fue más que un anarquista suelto y desbocado, que hizo con su conducta un grave daño a la República».[24]

Proclamada ya la República, se produjo un complot anarquista que debía estallar el 27 de junio de 1931, víspera de las elecciones para las Cortes Constituyentes. Dirigido por el doctor Vallina, jefe de los anarquistas de Sevilla, con él estaban conjurados Ramón Franco, el capitán Rexach y varios militares, que se proponían bombardear desde el aire Sevilla, facilitando la toma de esta ciudad a los anarquistas. Miguel Maura, a la sazón ministro de la Gobernación, ordenó al general Sanjurjo, director general de la Guardia Civil, que detuviese a los militares conjurados, lo que hizo con toda facilidad, excepto en el caso de Ramón Franco, a quien no pudo hallarse y que al día siguiente fue elegido diputado. La temida revuelta estalló al fin —aunque sin intervención militar— el 18 de julio, y adquirió tal violencia que el día 22 el general Ruiz Trillo, jefe de la división de Andalucía, proclamó el estado de guerra, y en dos días restableció la normalidad. El balance dio 20 muertos e innumerables heridos.

El último pronunciamiento clásico conocido bajo el nombre de *la sanjurjada* se produjo el 10 de agosto de 1932. En la madrugada de este día grupos armados de oficiales, soldados y paisanos trataron de apoderarse del Ministerio de la Guerra. La intentona fracasó, pero costó la vida de dos oficiales y siete soldados. En los

24. MIGUEL MAURA, *Así cayó Alfonso XIII*, Ariel, Barcelona, 1966, p. 112.

sucesos estaban complicados los generales Cavalcanti y Fernández Pérez, junto a destacadas figuras de la extrema derecha. Simultáneamente, en Sevilla el general Sanjurjo sublevó la guarnición y declaró el estado de guerra. La sublevación no triunfó gracias a la actitud recelosa de los oficiales de la base aérea de Tablada y a la decidida oposición del alcalde de Sevilla y de los obreros de la ciudad, que decretaron la huelga general para demostrar su disconformidad con el movimiento. Sus promotores fueron apresados y juzgados. Al general Sanjurjo se le condenó a muerte y después se le indultó; sobre el general García de la Herranz recayó una sentencia de cadena perpetua, y sobre el teniente coronel Esteban Infantes, ayudante de Sanjurjo, doce años de prisión. Un total de 144 personas, la mayoría jefes y oficiales del Ejército,[25] fueron deportados a Villa Cisneros, por ser sospechosos de estar complicados en el movimiento, pero el general Barrera, uno de los principales instigadores, consiguió huir.

25. Según ARRARÁS, en su *Historia de la Segunda República*, p. 154, los que participaron fueron 53 militares en activo, 34 militares retirados y 38 civiles (de ellos 9 eran propietarios y 22, miembros de la nobleza).

LAS SOCIEDADES SECRETAS MILITARES Y LOS PRONUNCIAMIENTOS CONTRA LA DICTADURA Y LA REPÚBLICA

Durante la dictadura de Primo de Rivera se creó la *Asociación Militar Republicana* (*AMR*), que en su nombre y fines recordaba a la Asociación Republicana Militar (ARM) de Ruiz Zorrilla. Parece ser que su jefe fue Queipo de Llano [26] y pertenecieron a ella el general López Ochoa y varios jefes y oficiales muy activos políticamente: Rexach, Sancho, Sediles, Ramón Franco, quizá Galán, etc. Como se trataba de una plataforma para derribar la dictadura y restablecer la libertad, era muy heterogénea, y al lado de los liberales de derechas como Queipo de Llano y López Ochoa (que participarían pocos años después en la sublevación del 36, en la que el segundo fue fusilado) había otros de pensamiento muy radical, como Alejandro Sancho (que murió tuberculoso en la prisión militar) o Ramón Franco, que en aquella época flirteaba con los anarquistas, con cuya ideología también simpatizaba Fermín Galán, el héroe de Jaca.

26. RAMÓN FRANCO, *Decíamos ayer*, Tipografía Maucci, Barcelona, 1932.

Fermín Galán, capitán republicano que, con el teniente García Hernández, sublevó la guarnición de Jaca (diciembre de 1930). Su acción fracasó y fue fusilado.

La AMR creció especialmente durante la «dictablanda» —Ramón Franco trabajó a fondo, recorriendo España en su avión— y tuvo especial arraigo en Aviación, Artillería e Intendencia. Algunos han afirmado que participó en el pronunciamiento de 1929 de Sánchez Guerra,[27] y sus principales hombres fueron los artífices de la sublevación de Cuatro Vientos el 15 de diciembre de 1930. Con el advenimiento de la República comenzó a languidecer y acabó desapareciendo, lo cual es lógico, ya que —al menos en teoría— había logrado su objetivo: la proclamación de aquel régimen. Queipo de Llano pasó a ser jefe de la casa militar del presidente de la República, y Ramón Franco y Sediles (que se había sublevado con Galán en Jaca) obtuvieron en las elecciones un escaño en las Cortes constituyentes.[28]

Con una finalidad totalmente opuesta a la AMR, se creó en 1933 la *Unión Militar Española* (*UME*). Ricardo de la Cierva dice que «nació en la estela del 10 de agosto» [29] o sea de la sanjurjada, bien en un intento de repetición, bien para hacer simplemente propaganda, recoger fondos para los detenidos y realizar acciones de apoyo. Según Payne su primer jefe fue el co-

27. Eduardo Aunós Pérez, *Itinerario histórico de la España contemporánea*, Bosch, Barcelona 1940, p. 391.

28. El papel de Ramón Franco en las Cortes Constituyentes fue lamentable. Escasamente dotado para la oratoria (al igual que su hermano Francisco), por aquel entonces sustentaba, además, unos planteamientos políticos radicales, próximos al anarquismo, que le descalificaron rápidamente ante los demás diputados. Como parlamentario fracasó, y cuando, poco después, se disolvieron las Cortes Constituyentes, se reintegró al Ejército.

29. Ricardo de la Cierva, *Historia de la guerra civil española*, San Martín, Madrid, 1979, p. 761.

ronel retirado Emilio Tarduchi,[30] que pronto fue remplazado por el capitán de Estado Mayor Barba Hernández. Según De la Cierva, fue este último el fundador e inventor del nombre.[31] Los miembros más activos de la organización,[31 bis] además de los dos citados, probablemente fueron el comandante Luis Arredondo, el coronel Ricardo Rada, los capitanes Sánchez Sacristán y Gandara, el capitán de complemento Pardo Reina (que representaba el sector más templado constitucionalista, que en alguna forma apoyaron Goded y Miaja) y el teniente coronel Valentín Galarza, al que se dio el sobrenombre de *el Técnico* en la preparación de la rebelión militar, y que después fue ministro con Franco. Como se puede observar, de los ocho nombres citados sólo cuatro estaban en activo, ya que tres se encontraban en situación de retirados (Tarduchi, Arredondo y Rada) y uno era de complemento.

La estructura de la UME recuerda la de las Juntas de Defensa, a las que posiblemente pertenecieron los miembros de más edad: en las guarniciones había juntas locales, sobre ellas estaban las juntas de la región militar respectiva, aunque no de forma exacta, y sobre todas, una junta central en Madrid, llamada por Barba Hernández «Junta de Coroneles», y que recuerda en algunos aspectos a la Junta Suprema de Barcelona. De todas formas, el funcionamiento de la UME, al ser ilegal y clandestino, tropezaba con las lógicas

30. PAYNE, op. cit., p. 256.
31. DE LA CIERVA, op. cit., p. 761.
31 bis. PAYNE, op. cit., p. 263.

dificultades y era mucho peor que el de las Juntas. Y este precario funcionamiento hizo que no existiese en la UME una mínima mentalidad común, y mientras algunos, como antes ya se ha indicado, lo único que querían era moderar la República, mejorar el orden público, templar el nacionalismo catalán, etc., otros eran auténticos extremistas —ultras, por usar la palabra actual—, deseosos de derribar el régimen constitucional y la democracia (Tarduchi, Barba, Arredondo, Rada, etc.).

La UME tuvo especial implantación en Madrid, Barcelona, Valencia y algunas guarniciones del Norte. El día 19 de abril del 36, los representantes de estas guarniciones del Norte se reunieron en Pamplona, en casa del capitán Moscoso,[32] y eligieron a Mola como su líder.

En cuanto a sus efectivos, han sido muy exagerados, llegando algunos historiadores a dar cifras muy elevadas.[33] Personalmente creo, como Salas Larrazábal[34]

32. B. Félix Maíz, *Mola, aquel hombre*, Planeta, Barcelona, 1976, p. 99. Se reunieron tres capitanes de la guarnición de Burgos, dos de Logroño, uno de Bilbao, un teniente de San Sebastián y tres de Pamplona. En estos últimos delegaron su representación los de Estella. La reunión era resultado de las que se habían iniciado el 8 de febrero en el restaurante Cuevas de Pamplona, organizadas por el capitán Lastra, activista de la UME (op. cit., p. 277).

33. Sorprende que un historiador de la seriedad de Payne reproduzca las cifras de una circular de la organización en la que dice contar con 3 436 oficiales en activo, 2 131 suboficiales y tropa y 1 843 oficiales retirados. Estas cifras son totalmente inaceptables. Los que arriesgan su carrera (que en el militar no puede rehacerse como en el civil) son forzosamente pocos; sólo personas con un alto grado de concienciación.

34. Ramón Salas Larrazábal ha expuesto esta opinión en múl-

y Ricardo de la Cierva,[35] que no llegaron al 10 % de los oficiales; lo que ocurrió fue que contaban con una enorme cantidad de simpatizantes, porque la mayoría del Ejército suscribía sus planteamientos, pero los realmente comprometidos eran sólo unos centenares.[36]

Para contrarrestar la labor desestabilizadora de la UME en los cuarteles, se creó en la primavera de 1935 la *Unión Militar Antifascista (UMA)*. Parece ser que la fundaron el oficial de máquinas Eugenio Rodríguez Sierra; Palacios, que era capitán médico; León Lupión, que había dirigido un importante movimiento reivindicativo de los sargentos;[37] el teniente coronel Carratalá y el capitán Paco Galán, hermano de Fermín, que actuó de anfitrión y era del PCE. Este Partido hizo muy al principio algún intento de dirigir la organización, pero tuvo que renunciar, pues sus miembros deseaban que la Unión fuera apartidista. En la cuarta reunión, y para crecer, decidieron invitar a los antiguos miembros de la AMR, que seguían estando a la izquierda y se habían orientado ideológicamente hacia el PSOE. (Otros, como Queipo, López Ochoa o Ramón Franco, habían cambiado después de la revolución del 6 de octubre del 34.) Con la ampliación se

---

tiples obras y se trata de un militar que participó en la guerra, en el bando nacional.

35. De la Cierva, op. cit., p. 763.

36. Félix Maíz, op. cit., p. 186, dice que los militares que se levantaron el 18 de julio fueron 260. Y lo dice tras haber hecho la lista exhaustiva de los comprometidos. Evidentemente, los militares en activo de la UME no podían ser muchos más.

37. Según testimonio verbal de León Lupión al autor.

cambió el nombre de la organización, que pasó a llamarse *UMRA (Unión Militar Republicana Antifascista)*, recuperando la R de la ARM, asociación esta última a la que habían pertenecido algunos de los incorporados. Sin embargo, creo que no hubo una fusión formal, frente a la opinión de Modesto,[38] luego muy repetida.

LA UMRA tuvo especial implantación en Cataluña [39] y en Madrid, lugares en los que hizo fracasar la rebelión. Algunos de sus miembros fueron instructores de las MAOC (Milicias Antifascistas Obreras y Campesinas), y dos de sus oficiales cayeron asesinados por pistoleros de la extrema derecha: el capitán Carlos Faraudo en Zaragoza el 7 de mayo del 36, y el teniente José Castillo, en Madrid, el 12 de julio. El alma de la UMRA fue el capitán Eleuterio Díaz Tendero, que desempeñó un importante papel en la selección del personal durante la guerra civil, y murió durante la guerra mundial en un campo de exterminio nazi. El jefe de la organización fue el teniente coronel Carratalá [40] a quien asesinó uno de sus oficiales el 18 de julio.

38. JUAN MODESTO, *Soy del Quinto Regimiento*, Ebro, París, 1969, p. 13.

39. VICENTE GUARNER, *Cataluña en la guerra de España*, G. del Toro, Madrid, 1975, trata con bastante detalle de la organización y efectivos de la UME y la UMRA en Cataluña. De hecho, él fue el organizador y jefe de la UMRA allí. Posiblemente en Cataluña era donde los efectivos de ambas organizaciones estaban más equilibrados.

40. Según testimonio verbal de Juan José Gallego Pérez al autor, la elección de una junta a cuyo frente se puso a Carratalá como jefe nacional, se llevó a cabo poco antes del 18 de julio, en una

Muchos miembros de la UMRA, posiblemente la mayoría de los antes citados, pertenecían además a la masonería, sociedad cuya implantación en el Ejército fue constante desde principios del siglo XIX, hasta la guerra civil última. El 15 de marzo de 1935 el diputado Cano López interpeló al Gobierno citando los nombres de veinte generales que, según él, pertenecían a la masonería. La cifra estaba hinchada [40 bis] y contenía errores, pero era indicativa de la implantación de esta sociedad en el Ejército. Por otra parte la mayoría de los citados por Cano López (Gómez Morato, Riquelme, Villa-Abrille, Martínez Monje, Miaja, Romerales, Núñez de Prado, etc...) permanecieron fieles a la República el 18 de julio.

---

reunión celebrada en una academia de preparación de Ingenieros de Caminos, propiedad del padre de Oraa de la Torre. Asistieron unos 14 representantes, entre los que recordaba a Oraa, Barceló, Marcial Gil, Palacios, Díaz, Modolell, Moreno y el propio Gallego.

40 bis. El autor se ha entrevistado con varios antiguos dirigentes del Ejército de la República, que le han dicho que pertenecieron a la masonería, pero que algunos de los citados por Cano López, por ejemplo Villa-Abrille, con toda certeza, nunca fueron miembros de la misma. Urbano Oraa de la Torre, que era miembro y convivió con él en prisión creándose entre ambos gran amistad, así lo afirmó. LÓPEZ OCHOA, en la obra aquí citada, p. 95, afirma que no es masón, pero que frecuentaba un templo masónico que había en el pasaje Méndez Vigo, en Barcelona.

EL 18 DE JULIO DE 1936

Desde que el 16 de febrero de 1936 ganó las elecciones el Frente Popular, las conspiraciones contra él no cesaron un momento. Al amanecer del 17, el general Goded (que, paradójicamente, había estado vinculado con la Asociación Republicana Militar) se trasladó al cuartel de la Montaña e intentó convencer a los oficiales de que se sublevasen a fin de cerrar el paso al Frente Popular, pero fracasó en su intento. Análogamente, parece ser que Gil Robles trató de convencer al primer ministro, Portela Valladares, para que se declarase la ley marcial, y también fracasó, lo mismo que al pretender que Franco diese un golpe de Estado... El mismo día 17 por la tarde, se reunieron los generales Goded, Mola, Franco, Saliquet, González Carrasco, Varela, Galarza, Villegas, Rodríguez del Barrio, Orgaz y Ponte (que venían reuniéndose desde que en enero se preveía la victoria de la izquierda), y volvieron a reunirse el día 20. Al parecer y por sugerencia de Goded, que entonces era el director del grupo, antes de intervenir decidieron esperar a que se deteriorase más la situación.

Y la situación se deterioró en los cuarteles el 11 de

marzo, cuando el gobierno acusó a López Ochoa (que había sido un importante dirigente de la Asociación Republicana Militar) de haber cometido atrocidades en Asturias. Payne califica la acusación [41] de «acto de venganza mezquino». Personalmente, añadiré que demostraba una total miopía política y sirvió para decantar contra la República a muchos militares moderados.

Así las cosas, cuando el 7 de abril las Cortes destituyeron al católico Alcalá Zamora de la presidencia de la República, las conspiraciones militares se incrementaron. La personalidad de Alcalá Zamora significaba una garantía para un importante sector de la población, y más para los militares. Su destitución y la discutible forma en que se hizo, fue otro lamentable error político. El general López Ochoa intentó convencerle para que no renunciase a la presidencia [42] apoyándose en las Fuerzas Armadas, pero, como es lógico, el presidente aceptó el veredicto del Parlamento. (En Chile pasó algo parecido, aunque al revés: el Parlamento desautorizó a Allende, insinuando a las Fuerzas Armadas la intervención, que realizaron.) Uno de los que probablemente se decantaron a raíz de la destitución fue Queipo de Llano, que había sido jefe de la Asociación Republicana Militar y era consuegro de Alcalá Zamora.

Mientras tanto, los generales conspiradores, que se habían reunido los días 17 y 20 de febrero, pasaron a

41. PAYNE, op. cit., p. 277.
42. Según declaración del capitán de la UME Pardo Reina ante el consejo de guerra.

estar dirigidos por Rodríguez del Barrio (al ser destinado Goded a las Baleares) y celebraron una última reunión el 8 de marzo [43] en casa del general González Carrasco. Entonces decidieron que la sublevación debería realizarse el 20 de abril.

Su plan era el siguiente: deberían sublevar Madrid los generales Rodríguez del Barrio, que era jefe de personal del Ministerio, Orgaz, Varela y el teniente coronel González Gallarza con la UME; Zaragoza, Villegas; Burgos, Fanjul, que era el más activo del grupo; Valladolid, Ponte y Saliquet, y Barcelona, González Carrasco. Pero Rodríguez del Barrio, por enfermedad o por lo que fuere, al día siguiente se retiró, Orgaz fue detenido y a Varela se le envió a Cádiz, con lo que la sublevación quedó abortada. Y como, además, ya varias veces antes habían demorado la sublevación, su gente se desmoralizó.

Simultáneamente, otro grupo conspirativo, que ni se decidía ni cejaba, era la UME, que mantenía contactos esporádicos con la conspiración de generales, desde que, en enero del 36, se celebró en casa del general Barrera [44] una reunión entre la Junta Superior de la UME y los generales citados. Había por tanto durante los primeros meses de 1936 dos cons-

43. En la casa de José Delgado y Hernández, agente de Bolsa y miembro de la CEDA, se reunieron Franco, Mola, Orgaz, Villegas, Fanjul, Varela y Valentín Galarza (citados por Gil Robles). Según el Servicio Histórico Militar, además asistieron Rodríguez del Barrio, Saliquet, González Carrasco y Kindelán (DE LA CIERVA, op. cit., p. 764).

44. Ya citado en esta obra con motivo de la sanjurjada.

José Sanjurjo, general que se sublevó contra la República (agosto de 1932), pero fracasó y fue juzgado, condenado a muerte y amnistiado. En 1936 aprobó los planes de levantamiento militar, pero no pudo tomar parte en él porque murió en accidente aéreo.

piraciones: la de los generales, dirigida inicialmente por Goded y después por Rodríguez del Barrio, pero de la que el alma era Fanjul, general muy politizado y antiguo diputado, y la de los jefes y oficiales de la UME (Unión Militar Española). A estas dos conspiraciones se añade, a partir del 8 de marzo, una tercera, la de Mola, que en esa fecha pasa por Madrid y, tras reunirse con los generales, va a Pamplona a preparar la sublevación.

El 19 de abril, los representantes de la UME en varias guarniciones del norte de España se reunieron en Pamplona[45] y decidieron ponerse a las órdenes de Mola, gobernador militar de Navarra desde el 14 de marzo. Mola fue el auténtico artífice de la sublevación militar: le dio unas mínimas bases organizativas, enviando varias circulares que firmaba bajo el seudónimo de *el Director* (el título de *el Jefe* al parecer se reservaba para Sanjurjo, mientras que un líder de la UME, Valentín Galarza, era llamado *el Técnico*). En efecto, a finales de abril envió a las unidades comprometidas la *Instrucción reservada número 1*, que comienza diciendo que como consecuencia del pacto electoral el gobierno está preso de las organizaciones revolucionarias y no existe otro medio de evitar una situación caótica que empleando la violencia. El documento está estructurado en nueve bases, casi todas dedicadas a tratar de la organización de unos comités

45. Léase en este mismo capítulo el epígrafe titulado «Las sociedades secretas militares y los pronunciamientos...», p. 122, y especialmente la nota 32.

civicomilitares que deben hacerse cargo del poder en todos los escalones. La base 6.ª dice que «se instaurará una dictadura militar que tenga por misión restablecer el orden, imponer el imperio de la ley y reforzar el Ejército», y la 7.ª promete un ascenso a los suboficiales y alféreces que tomen parte en el movimiento y una gratificación metálica vitalicia a los cabos.

El 25 de mayo envió una nueva circular titulada: *El objetivo, los medios y los itinerarios*, en el que establece el plan militar para la conquista del Estado. En líneas generales, el plan de Mola era el siguiente:

— Sublevar las divisiones (hoy regiones militares) 5.ª (Zaragoza), 6.ª (Burgos) y 7.ª (Valladolid), formando tres columnas que caerían sobre Madrid. Se trataba, evidentemente, de las regiones militares donde consideraba más seguro el éxito.

— Sublevar Valencia, enviando una columna contra Barcelona donde, al parecer, preveía un resultado adverso, lo mismo que en Madrid, Andalucía y Asturias.

— No incluyó en su plan la participación de las fuerzas insulares ni las del norte de África.

Del plan de Mola se deduce claramente que no esperaba que su rebelión diera lugar a la más sangrienta tragedia de toda la historia de España, lo que, evidentemente, no exime de responsabilidades a su persona ni a quienes con él participaron en la rebelión, ni tampoco a quienes debieron impedirla y no fueron capaces de hacerlo desde el gobierno. Tampoco puede absolverse a quienes, en su maximalismo izquierdista, llevaron la situación a unos límites que posibilitaron la adhesión al movimiento rebelde de muchos sectores del Ejército, que habían sido activos en su lucha contra la dictadura (Queipo de Llano, López Ochoa, Cabanellas, Goded, Ramón Franco, etc.). El resultado es de todos conocido: una guerra civil de tres años que se saldó con unos 450 000 muertos; una represión posterior, difícil de evaluar,[45 bis] pero probablemente superior a los 100 000 fusilados en los primeros cinco años de paz (!); varios cientos de miles de presos en campos de concentración al acabar la guerra, de los que, al parecer, en 1940 todavía quedaban 270 719; y muchas decenas de miles de personas que al acabar la guerra tuvieron que partir para comenzar un exilio que

45 bis. RAMÓN TAMAMES, *La República. La era de Franco*, Alianza Editorial, Madrid, 1973, p. 350, estima en unos 200 000, siguiendo a Jackson e incluyendo los muertos en prisión, y sobre los datos del INE calcula 105 000 ejecutados desde que acabó la guerra. PAYNE da la cifra de 192 684 fusilados, aunque advierte que es insegura, y RAMÓN SALAS LARRAZÁBAL en *Los datos exactos de la guerra civil* la de 58 500 ejecuciones realizadas por los nacionalistas, 35 500 durante la guerra y 23 000 después de acabar.

Más fácil parece conocer la población penal española: El *Anuario Estadístico* 1944-45 da las siguientes cifras:

1939	100 292
1940	270 719
1941	233 373
1942	159 392
1943	124 423
1944	74 095

Todos los datos están referidos al 1 de enero.

TAMAMES, en la obra citada, comenta que entre 1939 y 1950 (período de doce años) hubo un total de 875 000 hombres/año presos, lo que equivale a 875 000 personas que estuviesen en prisión un año, o 74 672 que lo estuviesen durante doce años seguidos.

duró largos años. El resultado de la guerra fue además el hambre y la pobreza. Las cartillas de racionamiento estuvieron vigentes durante más de diez años, y hasta el año 1952 no se volvió a obtener el mismo nivel de producción (Producto Nacional Bruto) que antes de la guerra.

Huelgan comentarios.

TENIENTES GENERALES CONTRA LA DICTADURA DE FRANCO

La mayoría de los militares que participaron en la guerra civil al lado de Franco (monárquicos unos, simplemente conservadores otros, falangistas unos pocos) no esperaban que al acabar se impusiera el sistema de poder personal en que desembocó, y pronto comenzaron a sentirse frustrados, estafados en alguna manera. En consecuencia, las voces discrepantes no tardaron en hacerse oír, aunque, claro está, dada la dictadura militar existente, sólo los miembros de la cúspide castrense, o sea los tenientes generales, pudieron manifestarse. Además, por su participación en la dirección del movimiento, se sentían legitimados para opinar sobre el futuro.

El primero en discrepar fue *Antonio Aranda*. Era un

general liberal, que antes de la guerra había colaborado con los radicales de Lerroux, y del que se decía era miembro de la masonería. En Oviedo se resistió a aceptar la ayuda de los falangistas durante el asedio, y cuando al acabar la guerra fue nombrado gobernador militar de Valencia, liberó bastantes cientos de presos, lo que aumentó la antipatía de los falangistas contra él. Además manifestó a Franco que se debía restaurar la monarquía constitucional, por lo que rápidamente fue relevado del cargo, con la excusa de nombrarle director de la Escuela Superior del Ejército, destino en el que dejó de tener mando de tropa, y del que a su vez fue cesado en 1943, quedando sin mando alguno. El 16 de julio de 1949, se dictó una ley que sólo se le aplicó a él y que permitió pasarlo a la reserva, cuando aún le quedaban siete años de vida militar, tras haberle saltado reiteradamente para el ascenso a teniente general (pese a ser laureado), motivo por el que, tras la muerte del dictador, fue rehabilitado y ascendido por don Juan Carlos (*B.O.E.* del 23-11-76).

El segundo fue *Queipo de Llano*, de cuyo republicanismo ya se ha hablado en ocasiones anteriores. Con motivo del tercer aniversario de la iniciación de la guerra, el 18 de julio de 1939, pronunció un discurso en la capitanía de Sevilla en el que dijo que el Estado debería quedar en manos de los que ganaron la guerra y no en manos de un puñado de políticos advenedizos. Fue destituido y enviado a Roma, con un cargo más bien honorífico, y no se le permitió regresar hasta 1942.

El tercero fue *Yagüe.* En este caso se trataba de un antiguo falangista, admirador de la Alemania nazi. En el año 38 protagonizó un incidente cuando en un discurso público, ante Franco, pidió que cesasen las ejecuciones de «rojos». (Bien pudo pesar en esta actitud el remordimiento por la matanza que ordenó hacer con los presos de la plaza de toros de Badajoz, dos años antes.) Franco le quitó el mando. Al acabar la guerra le nombró ministro del Aire, pero siguió conspirando para crear el Estado Nacional-Sindicalista, por lo que se le desposeyó de la poltrona y se le confinó durante 29 meses en su pueblo natal, San Leonardo (Soria). La excusa que se dio fue, sin embargo, que había discutido con el embajador inglés.

El cuarto fue *Alfredo Kindelán.* El 8 de septiembre de 1943, cuando era ya perceptible la victoria de los aliados, de los que él se mostraba partidario, escribió una carta a Franco, en unión a otros siete tenientes generales (Orgaz, Dávila, Solchaga, Ponte, Monasterio, Saliquet y Varela), en la que se le pedía la restauración monárquica. En la carta se decía, entre otras cosas, que no se debía «demorar más el retorno a aquellos modos de gobierno genuinamente españoles, que hicieron la grandeza de nuestra patria y de los que se desvió para imitar modas extranjeras», clara alusión al mimetismo italiano y alemán del régimen de Franco. Fue uno de los momentos más difíciles de la dictadura. Sin embargo, Franco fue llamando a los firmantes de uno en uno y consiguió trampear la situación, si bien al mes siguiente disolvió la División

Azul y en diciembre, las milicias falangistas. Kindelán siguió presionando. A finales del año pronunció un discurso en la capitanía general de Cataluña, recordando las condiciones en que se había elegido a Franco. Fue destituido. Posteriormente siguió insistiendo, lo que le valió un destierro de siete meses en Santa Cruz de Tenerife en 1946, el pase a la reserva al año siguiente y un arresto en el Castillo de Fuenterrabía en abril del 49. Algunos militares próximos a él fueron también perseguidos, entre otros el coronel de Aviación Juan Antonio Ansaldo (el aviador que pilotaba el aparato en que murió Sanjurjo), que se exilió a la Argentina, donde publicó un amargo libro titulado *¿Para qué?*, y el general Tella, expulsado del Ejército aparentemente por conducta administrativa irregular, pero en realidad por razones políticas. Por otra parte, otros dos de los firmantes, Varela y Ponte, hicieron varias peticiones en pro de la Restauración y de una cierta apertura política.

El quinto fue *Juan Bautista Sánchez González*, capitán general de Cataluña desde 1949 hasta su muerte, acaecida en circunstancias aún no aclaradas, y a solas, en un hotel de Puigcerdá (al lado de la frontera), en enero de 1957. Como muchos generales de entonces, Bautista Sánchez era un monárquico entusiasta, que incluso en febrero del 54 había recibido con cierta ostentación al conde de los Andes, representante de don Juan, pretendiente entonces al trono español. Sobre su muerte existen dos versiones. Según una, enterado Franco de sus conspiraciones, envió a Muñoz

Grandes a comunicarle que se le destituía, lo que dio origen a una violentísima discusión entre los dos, que pudo provocarle el infarto que le causó la muerte. Según otra versión, en la disputa hizo acto de presencia el teniente general del Aire González-Gallarza (hermano del que fue ministro), que conspiraba con Bautista Sánchez. En el forcejeo se disparó una pistola y aquél murió. Al día siguiente, Bautista Sánchez fue asesinado por asfixia.[46] Sea como fuere, lo cierto es que uno o dos meses más tarde, a Muñoz Grandes se le ascendió a capitán general y pasó a ser el delfín del dictador. Poco después, dos coroneles de la guarnición de Barcelona, muy identificados con Bautista Sánchez, perdieron la carrera, aunque, siguiendo los procedimientos habituales de la dictadura, el motivo alegado no fue político, sino de incumplimiento profesional.

El último general que conspiró a favor de la restauración de la monarquía en la persona de don Juan fue *García Valiño*, que además votó ostensiblemente «no» en unas Cortes donde no existía tal práctica: una de las veces, a la ley de sucesión que excluía a la persona de don Juan. Además, se manifestó contra la utilización de los consejos de guerra en causas políticas (diciembre de 1970, a raíz del famoso proceso de Burgos).

En las postrimerías del franquismo, *Manuel Díez Alegría* fue destituido de la jefatura del Alto Estado

46. La primera versión la dio al autor un médico de la Guardia Civil de Barcelona; la segunda, el que era secretario particular del gobernador civil cuando se produjeron los hechos.

Mayor bajo el pretexto de haberse entrevistado con el presidente de Rumania sin permiso.[47] La razón real era el temor de Franco y su camarilla a que Díez Alegría desempeñara en España el mismo papel que Spínola en Portugal. Sin embargo, nada estaba tan lejos del ánimo de Díez Alegría como una intervención de este tipo.

Ciertamente, estos incidentes no pueden ser calificados de intentos de golpe de Estado, ni siquiera por vía de coacción incruenta del poder, excepto en el caso de la carta colectiva. Sin embargo, se han incluido por ser indicativos de la actitud de prestigiosos generales frente a Franco.

LAS SOCIEDADES MILITARES SECRETAS DURANTE LA DICTADURA DE FRANCO

En 1948, en una academia de preparación militar que dirigía el capitán Luis Pinilla (hoy general), se crearon unos grupos juveniles que se llamaron *Forja* (de forjar hombres) y que buscaban la perfección personal, religiosa y profesional. Como la academia de preparación pertenecía al Frente de Juventudes, aquellos mucha-

47. Lo más maquiavélico del caso es que Díez Alegría se entrevistó con Ceaucescu siguiendo instrucciones del jefe del gobierno, Carlos Arias.

Francisco Franco Bahamonde, general sublevado en julio de 1936.
Nombrado jefe de Estado en octubre de 1936, dirigió
las operaciones de la guerra civil hasta su victoria
y consolidó su dictadura en España que duró hasta su muerte (1975).

chos tenían cierta inquietud política, que aprovechó el capellán del colegio, José María Llanos, S.J., para inculcarles un afán de superación. Cuando los muchachos del colegio ingresaron en las academias militares hicieron proselitismo entre los cadetes, y así creció Forja. En septiembre de 1951 se celebró en Coca (Segovia) una reunión que se puede considerar fundacional y a la que asistieron 66 miembros de la obra.[48] Con el transcurso de los años, Forja creció, y sus miembros fundaron varias revistas en las academias militares (entre otras, *Armas*, de la Academia General de Zaragoza, que aún existe) y un colegio de preparación militar en Campamento (Madrid). Se mandaban además circulares periódicas a los miembros sobre temas profesionales o nacionales (léase políticos). A la última reunión general, celebrada en agosto del 58 en el colegio de Campamento, asistieron (o justificaron su ausencia) 37 tenientes y capitanes. En diciembre del 58 contaba con 4 capitanes, 59 tenientes y unos 60 cadetes. El gobierno, que, como es lógico, conocía desde hacía tiempo la existencia de la organización (pese a que sus miembros la mantenían en secreto) la disolvió por considerar que, dado su crecimiento, podía constituir un peligro. Sin embargo, Forja no era ningún peligro para nadie, sino una organización de carácter espiritual, profesional y humanista, en la que se buscaba la mejora de la sociedad y de sus miembros. De hecho,

48. Los datos sobre Forja y la Unión Militar Democrática están sacados de mis propios documentos personales, dado que fui miembro de la dirección de ambas organizaciones.

no tenía nada que ver con los pronunciamientos o golpes de Estado. Entonces, ¿por qué se cita aquí? Simplemente, porque en Forja está la clave que explica la creación, quince años después, en 1974, de otra sociedad secreta, la *Unión Militar Democrâtica* (UMD). Ésta, ciertamente, tenía una finalidad política democrática, pero a diferencia de todas las anteriores no ne proponía ni por asomo dar un golpe de Estado, sino hacer proselitismo de ideología democrática, de acuerdo con unas técnicas de trabajo, dentro del Ejército, que varios de sus miembros destacados practicaron en su juventud en Forja. Además, en algunos lugares creció sobre la base de las antiguas amistades que se habían fraguado allí. Concretamente, 26 antiguos miembros de Forja pertenecieron a la UMD. De los doce fundadores, tres habían sido de Forja, como también dos de los ocho que perdieron la carrera en Hoyo (Jesús M. Consuegra y Restituto Valero).

La UMD se fundó en Barcelona,[49] en una reunión a la que asistieron diez oficiales de esta guarnición y dos de la de Madrid, y que duró dos días: el 31 de agosto y el 1 de septiembre de 1974. Antes se habían celebra-

49. En diciembre de 1970, a raíz del proceso de Burgos, nueve capitanes y dos tenientes de la guarnición de Barcelona enviamos dos cartas, una al príncipe Juan Carlos y otra al teniente general Díez Alegría, pidiendo apertura política. Algunos de los firmantes ya no están en el Ejército: Ramírez Feliu, Juan Mas, Gabriel Cardona, Martín Rotger y el autor de esta obra. Otros siguen con el empleo de comandante, como Santiago Perinat.

Cinco de los firmantes de estas cartas (Perinat, Cardona y yo mismo entre ellos) participamos tres años después en la fundación de la UMD, junto a Otero, Consuegra, uno de los Reinlein y otros cuatro capitanes de la guarnición de Barcelona.

do en Barcelona muchas reuniones previas, por pequeños grupos, y a algunas asistió Joaquín Ruiz Giménez o Joan Raventós. Aunque para estar presentes en la reunión fundacional fueron elegidos sólo diez, eran ya muchos más los que se reunían en Barcelona. Después de la reunión fundacional, la UMD creció rápidamente y llegó a contar unos trescientos oficiales. El crecimiento forzó la organización, dividiéndose España en varias zonas representadas en una dirección colegiada que se llamó comité ejecutivo. Periódicamente se convocaba una asamblea general (llegaron a celebrarse siete), a las que en general acudía un representante por cada cinco o diez oficiales. La gran mayoría de los miembros de la UMD eran capitanes, aunque también habían algunos jefes y tenientes. Donde más arraigo tuvo fue en Cataluña, seguida de Madrid, Galicia y Ceuta. Hubo algún momento en que se contó con bastantes oficiales en el Sahara. Sus miembros eran casi todos del Ejército de Tierra, algunos del Aire y muy pocos de Marina y de la Guardia Civil. Descubierta la organización, fue duramente perseguida, calumniada en sus objetivos. (Muchos militares aun ahora creen las falsas acusaciones que se vertieron en un juicio que se montó en Hoyo de Manzanares,[50] y en el

50. Luis Otero fue condenado a ocho años de prisión y Fermín Ibarra a siete y medio. Perdieron además la carrera, por ser condenados a más de tres años: Jesús Consuegra, Restituto Valero, Manuel F. Lago, Fernando Reinlein y José Fortes, y en otros juicios posteriores José Ignacio Domínguez y Antonio Herreros. Los capitanes García Márquez y Cillero no perdieron la carrera por ser condenados a menos de tres años y un día y los comandantes López Amor, Juan Diego y Arturo Gurriaran fueron sobreseídos.

que los acusados se negaron a declarar porque no reunía unas mínimas garantías procesales.) Después de las primeras elecciones, el 15-J del 77, la organización se autodisolvió en una asamblea general celebrada en Esplugas (Barcelona), por considerar que en una democracia no deben existir organizaciones clandestinas de militares.

El comandante Julián Delgado compareció ante un tribunal de honor por la misma causa y fue absuelto.

De la dictadura a la democracia (1976-1981)

PRESIONES DE GENERALES Y CONSPIRACIONES DE OFICIALES

Franco murió el 20 de noviembre de 1975. Sin embargo, don Juan Carlos, inicialmente mantuvo en su cargo a Carlos Arias, último jefe del gobierno del dictador, con lo que el proceso democratizador quedó bloqueado hasta que, el 7 de julio de 1976, le sustituyó por Adolfo Suárez. En este momento comenzó la transición, pero no en las Fuerzas Armadas, ya que allí siguieron los mismos ministros que con Arias (De Santiago, Álvarez Arenas, Pita da Veiga y Franco Iribarnegaray).

El 18 de noviembre de 1976, prácticamente al cumplirse un año de la muerte del dictador, Adolfo Suárez, en el momento estelar de su carrera política, logró que las Cortes franquistas se hicieran el hara-kiri al aprobar la Ley de Reforma Política, con arreglo a la cual las nuevas Cortes dejarían de ser «orgánicas», y a los nuevos diputados se les elegiría por sufragio universal. Los resultados de esta histórica votación fueron: 425 votos afirmativos, 59 negativos, 13 abstenciones y 34 ausencias (que equivalían a abstenciones, pues los procuradores salieron para no votar). Pues bien, entre los votos negativos estaban los de siete tenientes generales diputados: Barroso, Castañón, Galera, Iniesta, Lacalle, Pérez Viñeta y Salvador Díaz-Benjumea, así como los de los generales De la Torre Galán y Coll de San Simón, Raimundo Fernández-Cuesta, que era ministro togado de la Armada, y cinco jefes y oficiales. En total 15 militares.[1] Resulta evidente que esta cifra sobre un total de 53 votos negativos era indicativa de que el Ejército sería uno de los ámbitos donde más dificultades iba a tener la reforma política. En efecto, cuando casi dos años después, en otra votación histórica, la Constitución fue aprobada casi por unanimidad en el Senado, de los tres senadores militares nombrados por el Rey, se abstuvieron dos, los tenientes generales Luis Díez Alegría y Ángel Salas Larrazábal, y el almirante Gamboa votó en contra.

El primer incidente, que implicó cierta presión sobre el pader político, se produjo a raíz de reconocer el gobierno la libertad sindical. El 1 de octubre de 1976, el teniente general De Santiago dimitió como vicepresidente del gobierno y su actitud fue apoyada, a través de carta publicada en *El Alcázar*, por el general Iniesta. Ambos fueron suavemente sancionados. Para sustituir al general De Santiago como vicepresidente para la Defensa, se nombró al general Gutiérrez Mellado.

1. Hubo además algunos militares diputados que salieron para no votar, entre otros el almirante Nieto Antúnez.

Consciente de las dificultades que puede acarrear para la transición la excesiva politización de las Fuerzas Armadas que ha legado el franquismo, el gobierno promulga el 9 de febrero de 1977 el Real Decreto Ley 10/77, por el que se prohíben las actividades políticas y sindicales a los militares, a fin de conducir al Ejército hacia un riguroso apoliticismo. Paradójicamente, sin embargo, el gobierno que promulga el Decreto Ley cuenta con cinco ministros militares, entre ellos sus dos vicepresidentes,[2] todos los cuales tendrán «bula» para seguirlo siendo sin perder la carrera, mientras que, por el contrario, el militar de a pie deberá elegir entre perder la carrera o renunciar a cualquier tipo de actividad política, incluso electoral.[3]

Como quiera que la reforma política tropezase con resistencias o reticencias en el seno de las Fuerzas Armadas, Suárez se ve forzado a negociar con la cúpula militar (con lo que se evidencia el carácter militar del régimen, paradójicamente en el mismo instante en que

2. A los tres ministros de Tierra, Mar y Aire antes citados, hay que añadir a Gutiérrez Mellado, que ha sustituido a De Santiago como vicepresidente de Defensa, y a Osorio, que era simultáneamente comandante jurídico y vicepresidente segundo del gobierno.

3. Como consecuencia de este Decreto Ley, varios militares tuvimos que renunciar a la carrera, para poder ser candidatos en las elecciones de junio del 77. En general, casi todos ellos eran jurídicos, o sea militares de servicios (Carlos Sanjuán del PSOE, el citado Osorio, López Model, etc.). El único perteneciente a Arma combatiente fue el autor de estas líneas, que además se considera el único que ha tenido que hacer tal sacrificio, ya que en todas las demás épocas históricas, incluida la segunda República, se podía ser diputado sin perder la carrera; así Ramón Franco, Sediles y Fanjul lo fueron, y Francisco Franco estuvo a punto de presentarse por Cuenca.

deja de serlo). Suárez se reúne, pues, con los tenientes generales que integran el Consejo Superior del Ejército, organismo que de hecho, aunque no de derecho, ha sido heredero de la Junta de Defensa de Burgos y que a lo largo de los 40 años ha dado a menudo su parecer en cuestiones políticas.[4] Expone a sus miembros la reforma «aguándola» y ellos le dan el visto bueno, pero cuando, poco después, el Sábado Santo 14 de abril del 77 se legaliza el Partido Comunista, los miembros del Consejo vuelven a reunirse y redactan una dura nota que, además, es divulgada por la oficina de prensa del Ministerio. El almirante Pita da Veiga, único ministro de Franco que aún permanece en el poder, dimite y es sustituido por un almirante en reserva: Pery Junquera. Los responsables de la oficina de prensa del Ministerio son cesados (se trata de personas cuyos nombres volverán a aparecer en las páginas siguientes).

En septiembre del 77, se produce un nuevo intento de presión militar: varios tenientes generales, unos en activo y otros en reserva (De Santiago, Iniesta, Pita da Veiga, etc.) se reúnen en Játiva (es probable que a esta reunión asistiera Milans del Bosch) para redactar un

4. Muchas acciones políticas que resultaban incoherentes en el contexto del propio franquismo del momento fueron, al parecer, decididas en este organismo. Así, por ejemplo, la campaña contra Gironella después de publicar *Un millón de muertos*, la decisión de procesar a Amando de Miguel y la de hacer lo mismo con el autor de esta obra, por haber publicado *El militar de carrera en España*. En este último caso, se dio además el hecho paradójico de que sólo uno de los tenientes generales asistentes a la reunión (creo que Villaescusa) había leído el libro.

Antonio Tejero Molina, teniente coronel implicado en la «Operación Galaxia» (noviembre de 1978) y protagonista del golpe de mano efectuado el 23 de febrero de 1981 en el Palacio de las Cortes.

memorándum que se pretende elevar al Rey y dar a conocer a las Fuerzas Armadas, manifestando su descontento por la evolución política.

El mes siguiente, octubre, se produce una nueva presión militar, más grave y más seria, porque es protagonizada por el propio vicepresidente del gobierno, general Gutiérrez Mellado. El motivo es la amnistía militar.[5] El Ejército no permite que se incluya a los antiguos combatientes del Ejército de la República, ni a los que perdieron la carrera por pertenecer a la UMD (Unión Militar Democrática).[6] El detalle de cómo se produjo esta presión ha sido ya narrado en esta obra.[7] No fue el único caso. Los proyectos sucesivos de Constitución tuvieron que ser modificados al menos en tres artículos, como consecuencia de presiones militares. Concretamente con motivo de la abolición de la pena de muerte, de los tribunales de honor y de la objeción de conciencia. La abolición de la pena

5. Hasta entonces se habían dado varias miniamnistías por decreto. Por la ley 46/77 del 15 de octubre del 77, las Cortes concedieron una amnistía amplia y generosa que, sin embargo, por el veto castrense, no pudo incluir a los militares. El gobierno intentó posteriormente resolver esta grave discriminación, aunque sólo a efectos económicos, mediante el Real Decreto 6/78 de 6 de marzo del 78.

6. Los antiguos combatientes del Ejército de la República, que siendo militares profesionales antes de la guerra perdieron la carrera, fueron al parecer unos 5 000 (incluidos hasta cabos reenganchados). Los militares ingresados después de la guerra a los que ocurrió lo mismo fueron muy pocos. Concretamente los antiguos miembros de la UMD a los que habría afectado la ley eran sólo nueve.

7. Léase en esta misma obra el epígrafe titulado «Otras formas de intervención: las presiones de los generales», p. 34.

de muerte no pudo ser incluida en el Congreso porque se dijo a los diputados que el Ejército se oponía a ello. (Personalmente escuché, y contesté, en la comisión de Defensa, un fuerte ataque de Gutiérrez Mellado contra la abolición.) Pero después el Senado introdujo la corrección oportuna y no pasó absolutamente nada. La objeción de conciencia, que era reconocida en forma destacada en el proyecto de la ponencia, quedó más discretamente tratada en el texto constitucional.[8] Por último no fue posible abolir los tribunales de honor[9] ni en el texto constitucional ni en la reforma de Código de Justicia Militar, y lo mismo ocurrió en otras ocasiones, como cuando la Cámara deseaba mayoritariamente que la nueva fórmula de juramento de la bandera[10] fuese la propugnada por el señor Satrústegui, de UCD, y las presiones impidieron que la citada fórmula llegase a ser votada. Todos estos hechos,

8. En los sucesivos borradores que elaboró la ponencia, publicados por la prensa el 25 de noviembre y el 24 de diciembre del 77, así como en el Boletín Oficial de las Cortes del 17 de abril del 78, se recogía la redacción siguiente: «Se reconoce el derecho a la objeción de conciencia. La ley lo regulará con las debidas garantías imponiendo una prestación social sustitutoria.»

El texto, tal como quedó definitivamente en la Constitución, es: Artículo 30-2: «La ley fijará las obligaciones militares de los españoles y regulará con las debidas garantías la objeción de conciencia, así como las demás causas de exención del servicio militar obligatorio, pudiendo imponer, en su caso, una prestación social sustitutoria.»

9. Léase el *Diario de Sesiones* del Congreso, número 8 (comisión constitucional), del 8 de junio del 78. Sobre su mantenimiento en el actual Código de Justicia Militar léase el *Diario de Sesiones*, número 101, del 19 de junio de 1980, pp. 6631 y ss.

10. Léase el *Diario de Sesiones* del Congreso, número 118, del 14 de octubre de 1980.

que desde una perspectiva pueden ser valorados negativamente como indicativos de una dejación de soberanía por los auténticos órganos que la poseen, desde otra perspectiva (y teniendo en cuenta el proceso de transformación de una dictadura militar en democracia sin que se haya producido ruptura) pueden ser demostrativos de una gran prudencia política y sacrificio de nuestra clase dirigente; pero sea positiva o negativa la valoración que se haga de la conducta de la clase política (el juicio definitivo lo emitirá más fríamente la historia), lo indiscutible es que resultan indicativos de presiones del poder militar sobre el político. Por eso se citan aquí.

LA NEFASTA DIALÉCTICA TERRORISMO-INVOLUCIÓN

Mientras desde la cúpula militar se realizaban presiones de guante blanco, tendentes a moderar algunos temas políticos, el terrorismo, al golpear en forma reiterada y exacerbante los cuarteles, desencadenaba en ellos auténticas crispaciones, provocando catarsis emocionales muy difíciles de controlar y que dieron lugar a manifestaciones de indisciplina, e incluso de rebeldía en casi todos los escalones, aunque en su expresión fueron distintas.

En primer lugar, la tropa de los Cuerpos y Fuerzas de Seguridad del Estado, durante el mes de julio del 78, tuvo actuaciones muy desgraciadas en Pamplona (sucesos en la plaza de toros el día de san Fermín), Basauri, San Sebastián y, especialmente, en Rentería, donde observaron una conducta calificada por la prensa, en forma casi unánime, como «vandálica».

Por otra parte, los funerales y entierros de las víctimas del terrorismo suelen producirse en un clima de gran tensión, en el que los insultos a las autoridades políticas, y a veces también a las militares, se han producido demasiadas veces, y no sólo por el dolor ciego de familiares, amigos y compañeros de las víctimas, sino porque ciertos grupos de ultras, civiles y militares, asisten sistemáticamente a estos actos (a veces desplazándose incluso de unas ciudades a otras) para crear la crispación y la desestabilización. En uno de estos entierros, se produjo el primer incidente entre el capitán de navío Menéndez Vives y el general Gutiérrez Mellado. Al no sancionarse tal conducta con el rigor que ordena el Código de Justicia Militar, estos actos se hicieron cada vez más frecuentes y más graves, culminando el 4 de enero del 79 en el entierro del general Ortín, gobernador militar de Madrid, donde se dice que se llegó a injuriar de obra al general Gutiérrez Mellado.

Otro tipo de acciones, demostrativas también de indisciplina y de cierto grado de rebeldía, llevadas a cabo como consecuencia de los atentados terroristas, fueron reuniones de oficiales, con la pretensión de elevar su voz colectiva al mando, a fin de manifestarle su descontento. El cese de Álvarez Arenas al frente de la Escuela Superior del Ejército fue, al parecer, consecuencia de unas reuniones de oficiales que se desarrollaron en el Casino Militar de Madrid, y a las que algunos alumnos de la Escuela de Estado Mayor asistieron. Ya en 1981, el atentado contra el teniente general Valenzuela provocó reuniones parecidas entre los alumnos del curso de generales. En menor escala, a nivel de cuerpo o unidad, cuando se producen estos síndromes emocionales, este tipo de reuniones suelen ser frecuentes y difíciles de evitar. Por eso *el terrorismo y el golpismo son aspectos concomitantes de un mismo proceso, cuyo fin claro es la destrucción de la democracia.* Y para ello el terrorismo y el involucionismo se alían «de hecho» y suman sus esfuerzos.

LOS INTENTOS GOLPISTAS O DE LA GALAXIA AL 23-F

Si de los actos de indisciplina, conspiraciones, motines y presiones de cúpula o de oficiales medios pasamos a los intentos descarados de golpe de Estado, hemos de citar el abortado intento de noviembre del 78 conocido como «Operación Galaxia» y el intento del 23-F. Un postrer intento del 23-J, víspera del santo del Rey, tenía más parecido ya con las operaciones terroristas de las tramas negras, que con los intentos militares de golpe de Estado. Por eso aquí ni se trata.

De la primera parte de los resultados del consejo de guerra, que juzgó a dos de los cinco implicados de la Operación Galaxia, se deduce claramente que ésta consistía fundamentalmente en un golpe de mano que se iba a dar durante una estancia del Rey en el extranjero, y que tenía como objeto secuestrar al gobierno, aprovechando una reunión de un Consejo de Ministros. Como en aquella fecha la Constitución aún no se había refrendado, habría sido fácil, tras cambiar el gobierno, darle los convenientes retoques para hacerle perder su contenido democrático. La fecha, o sea la oportunidad política, estaba realmente muy bien calculada, así como la circunstancia de aprovechar la ausencia del Rey, ya que como se vio el 23-F, el monarca fue clave para la solución. El golpe de Estado lo daría el teniente coronel Tejero penetrando en la Moncloa de la misma forma como el 23-F penetró en las Cortes, y un segundo cordón de seguridad protegería a los secuestradores evitando una reacción de unidades militares leales externas. Este segundo cordón estaría formado por unos 1 200 policías nacionales mandados por el capitán Ynestrillas, los cuales deberían ser reclutados en la Academia del Cuerpo. Al intentar tal reclutamiento parece que se descubrió la operación, aunque otros opinan que la descubrió el teniente coronel Quintero, con el que los conspiradores quisieron contar. Detenidos y juzgados los dos principales culpables, Tejero e Ynestrillas, fueron sancionados con unas penas ridículas, lo que les permitió mantener la carrera y recuperar la libertad para seguir conspirando. Por otra parte, el general Atarés, que según opinión de algunos estaba conectado con esta operación y debía detener a Gutiérrez Mellado, fue absuelto por el consejo de guerra que lo juzgó y que estaba presidido por el general Caruana.

Por último, nos encontramos ante la intentona del 23-F. Las amplias filtraciones del sumario permiten ya saber a ciencia cierta que en la acción convergieron dos líneas bastante distintas. La primera, en la que destacan Tejero y García Carrés, pretendía una involución pura y simple: el regreso al sistema anterior, a un franquismo sin Franco, en el que una Junta Militar presidida por Milans del Bosch asumiría en su plenitud el poder político. Los derechos individuales y las libertades políticas serían suprimidos, el Parlamento disuelto, la Constitución suspendida y los partidos y sindicatos prohibidos. La lectura del bando que Milans publicó en Valencia es especialmente ilustrativa de su proyecto político. Lo que no se acaba de comprender es cómo iban a poder desarrollarlo. Tal vez ellos creyesen que Armada avalaría dicho proyecto, y a través de Armada sería posible imponérselo al Rey, forzándole a aceptarlo o a renunciar a la corona. Acaso creyesen que la actitud de Milans desencadenaría un efecto dominó y las capitanías, una tras otra, se irían sumando. Posiblemente cuando leyeron a los diputados un télex falso diciendo que la 2.ª, 3.ª, 4.ª y 5.ª regiones militares aceptaban a Milans como jefe del gobierno, estaban revelando su intención. No contaron con la energía del Rey de España, que impuso la disciplina a los restantes generales. Ni con la actitud decididamente democrática de algunos de ellos, como Pascual Galmes y Quintana Lacaci, además de otros cuya lista sería larga.

La segunda línea era, en mi opinión, la de Armada, probablemente apoyado por el comandante Cortina. Pretendían formar un gobierno de coalición nacional que presidiría el primero de dichos militares, logrando la investidura del Congreso. Para ello Armada se presentaría ante unos y otros, guardias y diputados, secuestradores y secuestrados, como un mediador, como la solución al grave problema que se había creado. En consecuencia, estaba dispuesto a hacer el sacrificio (¡vaya sacrificio!) de ser jefe del gobierno. Después del sacrificio que hizo Franco durante 40 años, ahora estaba dispuesto a sacrificarse el pobre general Armada. ¡Vaya sacrificio! Esta línea es, en mi opinión, mucho más difícil de entender que la anterior. ¿Cómo podía creer Armada que los diputados, sabiendo lo superconservador que es (por no decir reaccionario), íbamos a investirlo? ¿Cómo podía creer que iba a ser válida una votación efectuada bajo la presión de las metralletas? Porque sin éstas, claro está, no sacaba ni un voto. ¿Cómo podía creer que socialistas y comunistas iban a aceptar formar parte de un gobierno presidido por una persona tan superconservadora como él...? Ante estos interrogantes, se comprende que Tejero calificase tal operación como «una chapuza», porque se puede ser demócrata o ser fascista, pero si ésta era la intención de Armada, resulta fácil entender que Tejero no le dejase penetrar en el hemiciclo. Desde la perspectiva de un fascista —y no cabe duda de que Tejero lo es—, dar el golpe para adoptar la solución Armada carecía de sentido.

Por último, el 23-J, víspera del santo del Rey, fue nuevamente detenido el comandante Ynestrillas, junto a otros dos militares que, al parecer, tenían contactos con las tramas negras fascistas, e intentaban realizar con ellas acciones de tipo terrorista. Sin embargo, aquí no vamos a ocuparnos de este tipo de acciones, ya que constituyen materia más apropiada para una obra sobre delincuencia que para un texto sobre pronunciamientos militares.

LAS CAUSAS DE ESTOS HECHOS: LA GUERRA CIVIL Y LA DICTADURA COMO TELÓN DE FONDO

Visto el desarrollo de los acontecimientos, es preciso —para evitar su repetición— analizar las causas de los mismos, y al hacerlo se observa que son de dos clases, unas endógenas, o sea nacidas en la propia ins-

El general Atarés que, según opinión de algunos, estaba conectado con la «Operación Galaxia» y que fue absuelto por el consejo de guerra que lo juzgó.

titución militar o, si se prefiere, derivadas de su propia estructura, y otras exógenas, o sea generadas fuera del Ejército, dentro de la sociedad civil. Analizaremos en primer lugar las causas endógenas.

Los Ejércitos, en general, son conservadores. Ciertamente existen excepciones, desde los militares liberales españoles del primer tercio del siglo XIX a los jóvenes oficiales árabes, pero lo normal es que el militar sea conservador, porque su trabajo diario requiere una potenciación de las pautas de conducta autoritarias, así como un culto maximizado de ciertos valores ideales que, en general, coinciden con la ideología conservadora. En la guerra, para la que todo Ejército existe y se prepara, el primer deber es luchar, lo que implica estar dispuesto a morir y a matar, y eso sólo es posible con planteamientos rotundos, maniqueos, sin matices, que dividan a los hombres en buenos y malos, en amigos y enemigos. En la paz, los conceptos de jerarquía, energía, dureza, autoridad, orden, honor, valor, patriotismo, disciplina, etc., presiden la vida militar, y estos valores, sin ser exclusivos de la derecha, son especialmente mitificados por ella, que no suele incluir entre tales valores los de libertad, igualdad, etc. Estos últimos, por razones de eficacia, no son posibles en la organización militar. De este modo, la ideología militar tiende a coincidir con la de la derecha, por lo que, en general, los militares tienden a ser conservadores o, si se prefiere, para matizar, más conservadores que los políticos contemporáneos en su propio país. Así suele suceder, y es lógico y normal.

Sin embargo, en el Ejército de la España de Franco ocurría algo anormal: *el Ejército de la España de Franco no era un Ejército con el conservadurismo normal,* y tenía una ideología política acentuadamente conservadora porque era consecuencia de una guerra civil, larga y cruel, en la que la izquierda democrática, liberal o socialista, fue vencida y exterminada. Esta circunstancia aumentó, comparativamente hablando, el conservadurismo o, mejor dicho, la beligerancia idelógica de los militares españoles. Pero, además, hay otro factor que merece considerarse, y es que como consecuencia de la guerra civil los militares más de izquierda, que habían luchado en el bando republicano, fueron fusilados, exiliados, encarcelados o, simplemente, expulsados del Ejército.[11]

11. Las *comisiones depuradoras* (a imagen y semejanza de las organizadas por los absolutistas del siglo pasado) se organizaron al final de la guerra a fin de expulsar de la administración del Estado a todos los funcionarios civiles y militares sospechosos de liberales, por sus actividades o, simplemente, por sus ideas. Entre los funcionarios civiles, para realizar las purgas se dictaron varias leyes, entre las que destacan las de 10 de febrero de 1939 sobre ceses, 2 de marzo de 1939 sobre traslados y 4 de abril de 1940 sobre postergaciones. El Tribunal de Responsabilidades Políticas, presidido por Enrique Suñer Ordóñez, trabajó durante varios años, y al parecer unos 300 000 funcionarios civiles perdieron la carrera, concretamente el 80 % de los maestros nacionales, el 70 % de los empleados en correos y telégrafos, el 40 % del Ministerio de la Gobernación...

En el Ejército, las comisiones depuradoras fueron creadas por la llamada Ley Varela del 12-7-40 (*BOE* 158), y actuaron con especial virulencia a raíz de su creación, y de nuevo siendo ministro del Ejército Muñoz Grandes (ligado al sector falangista y jefe de la División Azul, durante la segunda guerra mundial). De su labor fueron víctimas unos 5 000 militares (suboficiales y cabos incluidos). A partir de 1945, las citadas comisiones siguieron existiendo legal-

Y así el Ejército vio cercenar su ala izquierda, después de la guerra, convirtiéndose en un Ejército seminacional. Pero, además, y esto aún reviste mayor importancia, al acabar la contienda vio añadir a su cuadro de oficiales 10 709 alféreces provisionales [12] que fueron transformados en militares profesionales, y que, a menudo, procedían de las llamadas milicias —falangistas o requetés— y por tanto eran personas en las que se mezclaba lo militar con lo político.[13]

En resumen, nos encontramos con que el normal desarrollo del Ejército español experimenta después de la guerra civil dos mutaciones que lo empujan hacia la derecha: por una parte, se le restan unos 5 000 profesionales antifranquistas y, por otra, se le añaden 10 709, que tienen un elevado grado de politización antidemocrática. No era, pues, el Ejército de los años cuarenta homologable con el de la monarquía, ni con el de la República, ni siquiera con el de la dictadura

---

mente sólo en los centros de enseñanza militar, incluidos los centros de formación de alféreces de Milicias. Pero en la práctica, cualquier actitud liberal era suficiente para hacer perder la carrera a un militar.

12. Datos del coronel Gil Ossorio, *Revista de historia militar*, números 27 y 28. Aunque los alféreces provisionales fueron 29 023 en el Ejército de Tierra, sólo los citados se transformaron en profesionales.

13. Los guardias civiles que asaltaron el Congreso, cuando se leyó el bando de Milans del Bosch, el oficial que los mandaba gritó: «¡Viva España!», pero ellos no contestaron «¡Viva!», que habría sido lo natural, lo espontáneo y lo militar, sino «¡Arriba!», para asombro de la Cámara, que quedó perpleja ante el grado de politización de aquellas personas, ciertamente guardias de profesión, pero fascistas de corazón.

de Primo de Rivera o con el portugués de Oliveira Salazar, ya que se trataba de un Ejército seminacional, un Ejército al que se había amputado una parte y añadido un colectivo de origen político antidemocrático, producto de una guerra civil.

Cuando en 1939 acabó la guerra, los vencedores construyeron un sistema político que algunos especialistas[14] han llamado «dictadura dual», ya que tenía básicamente dos apoyos: las Fuerzas Armadas y el Movimiento, partido único en el que se fusionaron los grupos políticos que le habían dado apoyo (falangistas, tradicionalistas, etc.). En coherencia con esta concepción política —«las Fuerzas Armadas son un apoyo del régimen»—, Franco las utilizó fundamentalmente de dos formas: como *instrumento de represión política*, haciéndoles invadir las tradicionales competencias judiciales y tutelar a las fuerzas policiales, y como *cantera de reclutamiento de dirigentes políticos*. Y estas tareas implicaron una politización de las Fuerzas Armadas Españolas, que se manifestó en los siguientes hechos:

Primero. Se recurrió a consejos de guerra (que además utilizaron el procedimiento sumarísimo, en el que se limitaban extraordinariamente las garantías procesales) para reprimir toda protesta social o política. Tal actividad comenzó el 28 de julio de 1936, con un bando que decretó el estado de guerra en toda Espa-

14. S. E. Finer, *Los militares en la política mundial*, Editorial Sudamericana, Buenos Aires, 1969, p. 228. Otros casos de típicas dictaduras duales son el peronismo y el nasserismo.

ña [15] y aumentó como consecuencia de la *ley de responsabilidad política* del 28 de febrero de 1939, según la cual pasaban a ser juzgados en consejos de guerra los militantes de los partidos de izquierda (incluidos socialistas, catalanistas, etc.). La represión alcanzó, así, caracteres masivos, y cuando en 1944 se consideraron, al fin, liquidadas las responsabilidades derivadas de la guerra civil, el número de fusilamientos realizados superaba los cien mil, y el número de presos, 74 095. La magnitud de estas cifras dispensa de todo comentario: en Chile, Pinochet ha fusilado al parecer a unas 19 000 personas, o sea *la quinta parte* de las que ejecutó Franco.[15 bis]

Finalizada la guerra, lo lógico habría sido levantar el estado de guerra y devolver la normalidad al país. Sin embargo, Franco no lo hizo y *lo prorrogó hasta 1963, pues hasta ese año siguieron celebrándose consejos de guerra* para reprimir cualquier movimiento contrario a la dictadura, pero incluso después de 1963 se promulgaron varias leyes, como las del 2 de diciembre de 1968, 26 de agosto de 1974, etc., que colocaban de nuevo ciertos delitos políticos bajo jurisdicción mi-

15. En el citado bando se dispone que serán juzgados por tribunales militares mediante procedimiento «sumarísimo» los «insultos y agresiones a todo militar, funcionario o individuo perteneciente a las milicias (falangistas o requetés; art. 2.º), los delitos de rebelión» (art. 5.º), los que realizasen «cualquier reunión, conferencia o manifestación no autorizada» (art. 6.ºc), los obreros en huelga (art. 6.ºf) y, en general, todos los que alterasen el orden público (art. 5.ºa).

15 bis. Léase en esta misma obra el epígrafe titulado «El 18 de julio de 1936», p. 130, y especialmente la nota 45 bis del citado epígrafe.

litar. El desbordamiento que sufrió esta última por causas políticas fue tal, que incluso en el último período de la dictadura sólo la cuarta parte de los delitos juzgados en consejo de guerra eran realmente militares.[16]

16. Delitos juzgados en consejos de guerra durante los años 1974 y 1975:

Delitos esencialmente militares	740	25,3 %
Deserción	543	
Indisciplina y sedición	92	
Contra la actividad militar (negligencia, abandono de servicio)	56	
Concurso de delito militar y común	49	
Aforamiento por razón de la persona o el lugar	1 565	53,4 %
Contra las personas, su libertad o seguridad	64	
Contra la propiedad	325	
Económicos (cohecho, malversación, etc.)	78	
Concurso de varios delitos comunes	86	
Relacionados con la conducción en imprudencia	829	
Relacionados con el sexo (homosexualidad, violación, etc.)	83	
Cometidos en barcos mercantes o aviones civiles (polizones)	89	
Leyes especiales de caza y de pesca con explosivos	11	
Consecuencia de la ley de jurisdicciones, políticos y de conciencia	622	21,2 %
Injurias al Ejército, bandera o autoridad militar	8	
Ofensa, resistencia o desobediencia a Fuerza Armada	264	
Contra la seguridad del Estado (propaganda ilegal, desórdenes)	33	
Bandidaje y terrorismo (art. 294 bis)	30	
Negativa de prestación del servicio militar (objetores)	287	
Total	2 927	

Segundo. Se usaron los servicios de información del Estado o del Ejército al servicio del régimen franquista, aumentando desmesuradamente su número y dotándolos de abundantes medios y amplia plantilla.[17] El más importante de estos servicios era el de Presidencia de Gobierno, creado en la época de Carrero Blanco, que dependía directamente de él y estaba dirigido por el coronel San Martín (actualmente procesado por su participación en el golpe desde su puesto de jefe de Estado Mayor de la División Acorazada). El segundo jefe era el coronel Quintero, que después fue famoso jefe de policía de Madrid (a sus métodos se les llamó «quinterismo») y actualmente es agregado militar en Turquía, desde donde envió un elogioso informe sobre el golpe de Estado en aquel país, que fue muy comentado. Los miembros de este servicio —más de 200 oficiales del Estado Mayor al final de la dic-

---

De estos datos tomados del *Anuario Estadístico Militar* se deduce claramente que sólo 740 delitos, o sea el 25,3 %, eran específicamente militares.

Otro dato que puede ayudar a comprender el desbordamiento de la jurisdicción militar y el abuso que se hizo de la misma, es el elevado número de civiles juzgados por los tribunales militares, los cuales —siempre según datos del *Anuario Estadístico Militar*— fueron 231 en 1971, 222 en 1972, 256 en 1973, 253 en 1974 y 272 en 1975.

Tales hechos no es probable que vuelvan a producirse, ya que la reforma del Código de Justicia Militar, aprobada en 1980, redujo la jurisdicción militar a sus justos límites o, si se prefiere, para ser más exactos, a su propio ámbito.

17. Durante la dictadura existían once servicios de información, de los cuales estaban en manos militares: el de Presidencia del Gobierno, el del Alto Estado Mayor, uno para cada uno de los tres Ejércitos, el de la Guardia Civil y el de la Hermandad de Alféreces Provisionales.

En la tarde del 23 de febrero de 1981 el general Milans del Bosch publicó un bando proclamando el estado de sitio y ordenó que los tanques ocupasen las calles de Valencia.

tadura— percibían un importante sueldo y se dedicaban a vigilar las actividades políticas de la población civil, divididos en tres ramas responsabilizadas de la vigilancia de los obreros, los universitarios y el clero. Lo más grave de este servicio fue su participación —a través de grupos ultras por ellos subvencionados— en actos vandálicos realizados contra revistas, librerías, teatros e incluso personas: el PENS estuvo subvencionado en Barcelona por este servicio durante varios años; la obra *Castañuela 70* fue prohibida en Madrid tras un tumulto organizado por ellos; los grupos derechistas de varias universidades dependían de esta organización, etcétera.

Con la llegada de la democracia, este servicio se fusionó con el del Alto Estado Mayor, de talante mucho más profesional, y se creó el CESID. Los miembros más ultras fueron poco a poco saliendo del servicio (aunque aún quedan muchos y en las provincias casi todos); sin embargo, sus miembros siguen manteniendo estrechas relaciones y forman un grupo muy politizado. Así, por ejemplo, varios de los procesados, como los comandantes Pardo Zancada y Cortina y el capitán Yánez Iglesias, también trabajaron en este servicio, lo mismo que el comandante Eduardo Fuentes Gómez de Salazar, que, según cita la prensa, conversó con Pardo Zancada cuando estaba en el Congreso, etc.

Con independencia del CESID existían y existen los servicios de información interna de los tres Ejércitos y de la Guardia Civil. Resulta difícil comprender que los de Tierra y, sobre todo, los de la Guardia Civil, no tuviesen conocimiento del golpe, salvo que su grado de ineficacia sea mayúsculo. El que Tejero, con sus antecedentes jurídicos, no estuviese vigilado por el servicio de información de la Guardia Civil es simplemente inconcebible, y más inconcebible es que aún no se hayan tomado medidas para sancionar tan grave falta de competencia profesional. Claro que quizá esos servicios siguen estando en manos de las mismas personas que durante la dictadura.

Tercero. Durante los 40 años *se persiguió sistemáticamente la aparición de cualquier brote democrático dentro de las Fuerzas Armadas,* a fin de mantenerlas unidas monolíticamente a la dictadura. Los pocos oficiales que como consecuencia de sus experiencias personales tomaban conciencia de la ideología democrática eran rápidamente detectados, vigilados y perseguidos y, en general, acababan perdiendo la carrera. Ciertamente no fueron muchos casos, y a menudo se usaban «vías paralelas» para silenciarlos haciéndoles la vida imposible, lo que en una institución jerarquizada es particularmente fácil. Sin embargo, en algunos casos llegaron a producirse acciones jurídicas colectivas. Las dos más importantes, en mi opinión, fueron la expulsión en 1973 de cuatro cadetes alféreces de la Academia de Infantería,[18] y el ya famoso juicio contra

18. El día 9 de julio de 1973, cuando sólo faltaban seis días para acabar el curso, cuatro caballeros alféreces cadetes de la Academia de Infantería fueron arrestados e incomunicados en los calabozos de la misma. Dos de ellos, los alféreces Mario Fallos y Francisco García, iban además a acabar la carrera y recibir el despacho de teniente el día 15 de aquel mismo mes. Otros dos, Faustino Cangas

nueve miembros de la UMD en 1976. El último consejo de guerra que se celebró por motivos políticos fue, en 1978, el del capitán Antonio Herreros. Ya existía por entonces democracia, pese a lo cual se le expulsó del Ejército, como si la dictadura continuara vigente.

Cuarto. Se intentó, fundamentalmente durante la guerra y la inmediata posguerra, *identificar el Ejército*

---

y Juan Vázquez, acababan el tercer curso y debían comenzar el cuarto y último curso de la carrera militar. Entre los días 9 y 12 del citado mes de julio, se les sometió a consejo de disciplina, y el mismo día 12 el ministro del Ejército firmó una O.C. que, publicada en el D.O. 156 (del día 13), decía que causaban baja en la academia en virtud de lo dispuesto en los artículos 161 y 162 del Reglamento para el Régimen Interior de las Academias Especiales aprobado por orden de 30 de abril de 1957 (D.O. 103).

Los reproches o cargos, que *se hicieron verbalmente* y de los que no tuvieron por tanto conocimiento hasta la celebración del consejo de disciplina, se reproducen a continuación literalmente, tal y como se expresan en el expediente de uno de los cuatro alféreces (Mario Fallos):

A) «Adquisición y lectura de libros y revistas (todos ellos publicados legalmente en España) de temas económicos, culturales y sociales.» Entre las revistas pueden citarse *Triunfo* y *Cuadernos para el Diálogo*. Entre los libros: *Iniciación a la economía española* de M. Drain (Ed. Ariel); *Marxismo y Antimarxismo* de Julián Besteiro (Ed. ZYX); *El problema de la universidad* de Enrique Tierno Galván (Ed. Seix Barral); *La juventud europea* de José Luis Aranguren (Ediciones 62), etc.

B) «Trato de familiaridad con algunos soldados», entendiéndose por tal el tuteo en momentos de asueto.

C) «Haber sufrido una crisis religiosa que le ha llevado a no ser católico, aunque conservando una creencia cristiana.»

D) «Estudiar preferentemente materias económicas en perjuicio de las materias técnicas.»

E) «Amistad con universitarios con los que habla de los aspectos reformables de la sociedad.»

F) «Tenencia de una carta del guerrillero gallego José Gómez Gayoso.»

G) «Tenencia de una hoja encuesta (que no cumplimentó ni en-

con el régimen, dando incluso vigencia legal al uso de los símbolos falangistas dentro de las Fuerzas Armadas.[19] Afortunadamente, el Ejército tiene sus propios símbolos externos, de gran raigambre y tradición, por lo cual los nuevos fueron rechazados y cayeron rápidamente en desuso. Sin embargo, cuando en la década de los 70 la dictadura envejecía, volvió a apoyarse en cierto sector del Ejército, en los llamados «generales azules», y de nuevo se produjo el lamentable espectáculo de ver a generales con mando cantando el *Cara al Sol* con el brazo levantado. Claro que estos generales eran además procuradores en Cortes (o sea seudodiputados) y miembros del Consejo Nacional del Movimiento. Y el general Franco no fue excepción: acumuló en su persona los cargos de jefe nacional del

---

tregó, según se afirma en el expediente disciplinario) recibida de un compañero cadete sobre las relaciones gobierno-Ejército y posición de este último respecto al gobierno cuando no representa al pueblo, así como sobre la estructura de la disciplina castrense.»

Por estas insólitas acusaciones, que se declaran probadas en el expediente y se califican como «totalmente incompatibles con el espíritu y ejercicio de la profesión militar», don Mario Fallos Moyá fue expulsado de la Academia de Infantería el 13 de julio de 1973, es decir, fue víctima de una de las más graves sanciones que cabe imponer. Por parecidos cargos fueron expulsados los otros tres alféreces.

19. El decreto 333/37 del 4-8-37 (*BOE* 291), por el que se aprueban los Estatutos del FET y de las JONS, dispone en el artículo 5.ºb que los militares en activo son militantes de Falange. Cuando por Ley de 2-7-40 se crean las Milicias Universitarias, en el artículo 3.º se dispone que para pertenecer a las mismas hay que estar afiliado al Movimiento, y es frecuente el uso de la camisa azul como uniforme en los primeros campamentos de la IPS. Por último, un decreto del 17-7-42 obliga a los militares que asistan a actos políticos a saludar levantando el brazo al estilo falangista.

Movimiento y generalísimo de los Ejércitos, y usó hasta última hora los dos uniformes y los dos saludos.

Quinto. Se utilizó a las Fuerzas Armadas como cantera política, lo que procuraba una utilidad suplementaria al dictador, ya que al incluir a muchos militares en sus diferentes órganos políticos comprometía a las Fuerzas Armadas y las vinculaba con el régimen. Concretamente *en el legislativo,* el presidente del Consejo Supremo de Justicia Militar, los tres ministros militares, etc., eran procuradores en Cortes por razón de su cargo, pero además varios «generales azules» lograron el escaño a través de unas «peculiares» elecciones que celebraban unos reducidos colegios electorales de afiliados a Falange, para representar a las provincias en el Consejo Nacional del Movimiento,[20] y unos terceros lograron el escaño de una forma aún más fácil: el señalamiento digital del dictador.[21] En resumen, el exhaustivo estudio realizado por Rafael Bañón demuestra que durante las nueve primeras legislaturas el número de diputados que eran militares alcanzó la impresionante cifra de 935, lo que da una media de

20. Por este sistema fueron elegidos consejeros de la décima y última legislatura franquista los siguientes militares: Iniesta por Ceuta, Campano por Navarra, Pardo Canalís por Zaragoza, Pedrosa Latas por Lugo, Solís Ruiz por Córdoba, De la Torre por Melilla, García Ibáñez por Segovia, Anselmo de la Iglesia por Valladolid y García Rebull por Tarragona.

21. Joaquín Bardavío, *La estructura del poder en España,* Ibérico Europea de Ediciones, Madrid, 1969, p. 130, cita a ocho militares a los que, entre otros, llama «los procuradores de siempre»: Carrero, Muñoz Grandes, García Valiño, Camilo Alonso, Asensio, Correa Véglison, Blas Pérez y Fernández-Cuesta, porque hasta entonces lo habían sido de todas las legislaturas, o sea de nueve.

más de cien diputados en cada legislatura.[22] En cuanto a la décima y última legislatura (que Bañón no incluye en su estudio), que duró desde 1971 a 1976, el número de diputados militares superó los 40, lo que arroja un total de casi un millar para las diez legislaturas.[23]

Análogamente, *en el ejecutivo*, de los 114 *ministros* de Franco, 40 fueron militares, pero la presencia de las Fuerzas Armadas en sus gobiernos fue mayor porque la duración en el cargo fue, en general, superior en los ministros militares que en los civiles (Carrero lo fue 23 años, y ocho militares fueron ministros durante más de diez años).[24]

22. RAFAEL BAÑÓN MARTÍNEZ, *Poder de la burocracia y Cortes franquistas (1943-1971)*, Estudios Administrativos, Madrid, 1978, p. 266. Por empleos: 326 generales, 495 jefes y 114 oficiales. Por Ejércitos: 689 de Tierra, 125 de Marina y 117 de Aviación (hay 4 sin especificar el Ejército).

23. De la actuación política de estos diputados militares fue muestra la actitud que en su mayoría tomaron en junio del 70, al lograr lo nunca visto en las Cortes franquistas: la devolución de un proyecto al gobierno, debido a que se intentaba solucionar el problema de la objeción de conciencia; o el voto que 15 militares (de los que 7 eran tenientes generales) dieron contra el proyecto de Reforma Política, en la histórica sesión del 19 de noviembre de 1976, en la que se aprobó el proyecto presentado por el presidente Suárez de disolución de las Cortes franquistas.

24. Los 40 militares que fueron ministros con Franco son los siguientes:

	núm. de años que fue ministro
Del Ejército de Tierra	
Alarcón de Lastra (Industria)	1
Jordana (Vicepresidencia y Asuntos Exteriores)	3
Beigbeder (Asuntos Exteriores)	1
Dávila	7

	núm. de años que fue ministro
Varela	3
Asensio	3
Muñoz Grandes (Vicepresidencia y Movimiento)	11
Fernández Ladreda (Obras Públicas)	6
Juan Vigón	5
Valentín Galarza (Gobernación)	1
Yagüe	1
Martínez Anido (Orden Público)	1
Planell (Industria)	11
Barroso	5
Martín Alonso	1
Menéndez Tolosa	5
Castañón	4
Camilo Alonso (Gobernación)	13
Jorge Vigón (Obras Públicas)	8
Coloma	2
Cuerpo general de la Armada	
Moreno	11
Regalado	6
Abárzuza	5
Nieto	7
Baturone	4
Pita da Veiga	4
Carrero (Jefe del gobierno y vicepresidente)	23
Suanzes (Industria)	7
Arma de Aviación	
González Gallarza	11
Díaz de Lecea	5
Lacalle	7
Díaz-Benjumea	5
Cuadra Medina	2
Jurídicos de los tres Ejércitos	
Blas Pérez (Gobernación)	14
Fernández-Cuesta (Justicia y Movimiento)	12
Navarro Rubio (Hacienda)	8
Solís (Movimiento y Trabajo)	14
Garicano (Gobernación)	4
León Herrera (Información)	1

El general Armada —según parece— pretendía formar un gobierno de coalición nacional, presidido por él mismo e investido por el Congreso que permaneció secuestrado varias horas el 23 de febrero de 1981.

De hecho, durante los primeros 30 años de franquismo la mitad de los miembros del Consejo de Ministros eran militares, y el dato es especialmente importante si se tiene en cuenta que aun cuando el poder de Franco era en la práctica ilimitado, al menos en la teoría las decisiones las tomaba el gobierno colegiadamente.[25]

De la relación se deduce que, en general, estos ministros militares ocuparon las carteras de los tres Ejércitos; sin embargo, fueron también militares todos los titulares de Gobernación hasta 1973 (si se exceptúan los dos años de Serrano Suñer). Desempeñaron esta cartera Martínez Anido, Galarza, Blas Pérez, Camilo Alonso y Garicano. Tres veces fueron militares los ministros de Asuntos Exteriores (Jordana dos veces, y Beigbeder); cuatro los de Industria (Alarcón de Lastra, Planell y Suanzes dos veces); tres los del Movimiento (Muñoz Grandes, Fernández-Cuesta y Solís); dos los de Obras Públicas (Fernández Ladreda y Jorge Vigón); una el de Justicia (Fernández-Cuesta); una el de Información (León Herrera); una el de Agricultura (Fernández-Cuesta); una el de Trabajo (Solís) y una el de Hacienda, de ser cierto el dato de algunos *Who is who?*, que incluyen a Espinosa en el Cuerpo de Mutilados. Por último, fueron también militares los tres vicepresidentes del gobierno (Jordana, Muñoz Grandes y Carrero) y el primer jefe del gobierno (Carrero)

25. Relación de ministros civiles y militares de 1938 a 1975:

gobierno	ministros militares	ministros civiles	total
Burgos (1938-39)	5	5	10
Guerra mundial (1939-45)	6	7 (2 sin cartera)	13
Autarquía (1915-51)	7	5	12
Pacto americano (1951-57)	7	9	16
Plan estabilización (1957-62)	9	9 (1 sin cartera)	18
1.er Plan Desarrollo (1962-65)	9	10 (1 sin cartera)	19
2.º Plan Desarrollo (1965-69)	7	12	19
Opus-Carrero (1969-73)	5	14	19
Dos últimos de Franco (1973-75)	4 o 6	16 o 14	20

Además eran militares gran número de subsecretarios, directores generales y altos cargos de la administración. En 1968, de los 120 puestos más elevados de la administración civil, 12, es decir el 10 %, estaban ocupados por militares. Análogamente, muchos gobernadores civiles fueron militares. En Barcelona, Correa, Acedo, Ibáñez Freire y Garicano Goñi.

Sexto. Por último, en algunas empresas del Estado como SEAT, Butano, etc., y en general en las empresas del INI, fue frecuente colocar militares en los cargos directivos, y también lo fue que las grandes empresas, como Telefónica, etc., colocaran a algún general en sus consejos de administración, a fin de ganarse el apoyo del Ejército.[26] Amando de Miguel, en su *Sociología del franquismo,* citó 11 empresas de las que el ex ministro del Ejército, general Antonio Barroso, era miembro del consejo de administración.[27] A este ejemplo se po-

---

Estas cifras permiten observar que durante los primeros 30 años, el franquismo fue un sistema eminentemente militar. Hasta 1965, los Consejos de Ministros tuvieron tantos miembros militares como civiles, ya que estas cifras deben ser incrementadas con la presencia en tales consejos del propio general Franco, cuya autoridad sobre los restantes miembros no necesita ser comentada. La presencia militar no comenzó a ceder hasta la década de los 60.

26. Hacia el año 1974 hubo una huelga en la empresa Potasas de Navarra. Al acabar, los líderes obreros, que tenían prórroga para hacer el servicio militar, perdieron tal derecho, y simultáneamente se supo que el teniente general Campano era miembro del consejo de administración de la citada empresa. Claro que eso podría ser una simple casualidad, pero causó mala impresión y casos semejantes deben ser evitados. En mi opinión, debería existir incompatibilidad entre el mando militar y la pertenencia a consejos de administración.

27. Amando de Miguel, *Sociología del franquismo,* Euros, Barcelona, 1975, p. 126.

drían añadir muchos más, en una larga lista de generales de Franco ligados al gran capital, y a veces incluso al capitalismo extranjero que invertía en España. Concretamente, además de Barroso, pasaron a ocupar puestos en consejos de administración, al abandonar la poltrona, los siguientes ex ministros militares: Moreno, Alonso Vega, Fernández-Cuesta, Navarro, Solís, Jorge Vigón, Nieto, Mariano Cuadra, León Herrera, Lacalle, Blas Pérez, Díaz-Benjumea, etc. En 1974, de los 83 ministros o ex ministros de Franco aún con vida, 64, o sea el 77 %, pertenecían al consejo de administración de alguna gran empresa.

En resumen, el Ejército español, que se reestructura durante una traumática guerra civil, es después, durante 40 años, utilizado políticamente al servicio de la dictadura. Ciertamente, la gran masa de la oficialidad no participa en estas actividades políticas, pero al hacerlo sus dirigentes y ser los Ejércitos instituciones jerárquicas, es inevitable que sus planteamientos políticos incidan en la oficialidad en alguna medida, y se produzca —al menos a los ojos del pueblo— cierto compromiso político entre el régimen y las Fuerzas Armadas. A éstas la situación les causó grave daño, ya que perjudicó su prestigio y popularidad alejándolas del pueblo, de sus conciudadanos y, a la postre, de la auténtica España.

UNA CAUSA ENDÓGENA PRÓXIMA: EL AISLAMIENTO DE LOS MILITARES

En los años 40 se abrieron las academias militares, y en general las tres cuartas partes de los que ingresaban eran hijos de militar, por lo que su ideología, consecuencia de su ambiente familiar, era también pro franquista. La mayoría de los actuales oficiales del Ejército y, por tanto, también de los golpistas, ingresaron después de la guerra, y fueron educados por los vencedores de la misma, que, como es obvio, procuraron, y consiguieron, transmitirles su ideología y su personal interpretación de las cosas. Y, por supuesto, se les enseñó que la democracia era la ideología culpable del caos en el que se había sumido a España durante la República y del que la salvó la «Cruzada Nacional». Por supuesto, además de la democracia, el liberalismo, el socialismo, el comunismo, la masonería, el judaísmo, el protestantismo, etc., eran culpables también. Todo esto era posible porque la enseñanza militar no se basa, como la universitaria, en una crítica constante del saber, sino que, por el contrario, es —o era durante la dictadura— fundamentalmente acrítica, memorista, repetitiva. Los que fueron educados en aquellos años aún pueden repetir, sin ningún error, muchos artículos de las Ordenanzas de Carlos III (ya abolidas) o ciertos movimientos de armas ya en desuso. Evidentemente, sobre esta base era mucho más fácil indoctrinar que formar, que educar. Además, las materias humanísticas, las ciencias sociales, eran escasas y la bibliografía, pobre. No se compraban libros de consulta y se estudiaba sobre unos guiones elaborados e impresos en las propias academias. Por supuesto, no se tenía la costumbre de acudir a la biblioteca. Por último, para colmo de males, los profesores a veces desconocían la asignatura que debían enseñar, ya que la dirección decidía al respecto, con criterios militares (empleo, arma, plantillas...) y con independencia de su formación y saber.[28]

Lo lógico habría sido que estos militares formados en la posguerra hubiesen evolucionado. Algunos lo hicieron, gracias a distintos factores, entre los que destacaría el pluriempleo [29] al que el militar se vio em-

28. Recuerdo a un comandante de Caballería que acudió a la academia, convencido de que iba a ser profesor de equitación. Al parecer, era un buen jinete. Se le ordenó enseñar matemáticas. Sus clases eran inenarrables; aún las recuerdo.

Con posterioridad se han seguido dando casos parecidos: un comandante de Artillería y del Servicio de Estado Mayor, destinado a la Academia General Militar hacia 1973, explicó el primer año táctica, el segundo se le ordenó pasar a explicar motores y el tercero matemáticas...

29. Sobre el pluriempleo puede leerse en mi libro *El militar de carrera en España,* ya citado, pp. 269 y ss. Allí se recoge una encuesta que hice en 1964 sobre tres muestras de militares de Madrid, Barcelona y una pequeña guarnición, y se concluía que el 64,3 % practicaba el pluriempleo y el 12,8 % no lo hacía porque llevaba poco tiempo en la guarnición y aún no había encontrado un se-

pujado durante los primeros veinte años de la dictadura, a causa de la estrechez económica que le imponían unas pagas casi miserables, y el estudio universitario que se generalizó entre los oficiales jóvenes al comenzar la década de los 60,[30] pero la gran mayoría de militares destinados en África o en pequeñas guarniciones provincianas no tuvo estas oportunidades y, en consecuencia, no evolucionó, manteniendo la ideología antidemocrática en que fue educado. Y la causa por la que se pudo mantener una ideología distinta a la del resto de la sociedad hay que buscarla en el aislamiento en que vive el militar.

El aislamiento de los militares se debe a varias causas, muchas de las cuales derivan a su vez de un tronco común: la *precariedad económica* en que el militar ha vivido tantos años y que le ha forzado a aprovechar la casa militar (porque no podía pagar otra) o mandar a sus hijos a la AGM porque no podía pagar otra cosa, pero esta causa, que justifica o explica las demás causas del aislamiento, no quita validez a las causas que se señalan a continuación. Primero, un elevado índice de *autorreclutamiento*, que entre 1964 y 1968 se elevó al 79,6 % en el Ejército de Tierra, el 65,8 % en Marina

---

gundo trabajo. En África era distinto. (Actualmente el pluriempleo ha disminuido mucho.)

30. Sobre el estudio universitario, puede asimismo leerse *El militar de carrera,* pp. 260 y ss. En 1966 el 44 % de los capitanes destinados en Barcelona tenía carrera civil o la estaba estudiando (sólo se incluían los procedentes de la AGM). Por el contrario, en Lérida eran sólo 9 de un total de 41 los que se hallaban en ese cano.

y el 56,2 % en Aviación.[31] Segundo, un elevado índice de endogamia social, que hace que gran número de militares se casen con hijas de compañeros de profesión. Tercero, una *educación distinta* a la que recibe el resto de la sociedad, realizada en una estructura de gran presión social, en régimen de internado, con profesores que inculcan al futuro militar unas inquietudes, criterios y valores completamente distintos de los que se inculcan en la universidad o en cualquier otro tipo de instituciones pedagógicas. Cuarto, un *trabajo* en el cuartel, que se realiza en forma totalmente distinta del trabajo civil y sin contacto con el público, pues el soldado no se manifiesta como en su vida civil, en parte porque la relación jerárquica lo impide, y en parte porque su vida en el cuartel es totalmente distinta de su existencia normal. Quinto, las *viviendas militares,* que malogran otra posibilidad de convivencia con el resto de la sociedad, al impulsar al oficial soltero a alojarse en residencias de oficiales y al casado en pabellones o casas militares, y aunque hay oficiales que habitan viviendas civiles de alquiler o de propiedad, probablemente no llegan al 20 o 30 %.[32] Sexto, la realización de muchas actividades de la vida separados del resto de la sociedad (como consecuencia del antes señalado sueldo escaso) que fuerza a ahorrar en las

31. JULIO BUSQUETS, *El militar de carrera en España,* Ariel, Barcelona, 1972, p. 200, cuadro 7.4.

32. El 1-1-1972, según el *Anuario Estadístico* Militar, vivían en casas militares 20 608 hombres del Ejército de Tierra, 8 870 de Aviación, 6 699 de Marina, 30 369 de la Guardia Civil y 1 031 de la Policía Armada, hoy Policía Nacional.

En octubre de 1976 dimitió el teniente general De Santiago como vicepresidente del gobierno y para sustituirle se nombró al teniente general Gutiérrez Mellado como vicepresidente para la Defensa.

cooperativas militares, farmacia militar, hospital militar, etc., y que llega a la propia familia, ya que se crean colonias infantiles para los hijos de militares, residencias universitarias y, más recientemente, centros de enseñanza primaria y secundaria, separados del resto de la sociedad, en los que el militar tiene más facilidad para encontrar plaza para sus hijos. Séptimo, una vida intelectual escasa, que hace que los militares tengan a menudo criterios, ideologías y sistemas de valores distintos al resto de la sociedad y, en general, bastante más conservadores, por las razones ya dadas. Esta situación se ve además potenciada por la existencia de ciertas revistas militares, principalmente *Reconquista*[33] (a cuyo consejo de redacción pertenecía uno de los procesados), que a menudo divulgan valores e ideas más propios de la época pasada que de la actual. Y esta escasa vida intelectual es la que hace posible que muchos militares crean las peregrinas afirmaciones de libelos involucionistas como *El heraldo español* y *El Alcázar,* desde los que se hace una crítica constante,

33. El director de *Reconquista,* coronel de Aviación Fernando Alcázar, quiso rendir honores al general Armada cuando fue enviado arrestado a la base de su mando. El subdirector, Eduardo Fuentes Gómez de Salazar, fue citado en el informe Oliart, y como amigo de Pardo Zancada conversó con él cuando estaba dentro del Congreso. Pardo Zancada, redactor jefe, está procesado, y de los dos únicos miembros restantes de la redacción, uno es hermano de Eduardo Fuentes Gómez de Salazar. En el número de febrero, salido poco antes del golpe, el editorial tuvo la desfachatez de decir: «Parece como si la única inquietud se centrase en la posibilidad de que existan caballos de Pavía... No es hora de alimentar temores sobre hipotéticos golpes internos...» El artículo más largo, de seis páginas de longitud, se dedicaba a elogiar el Ejército de Chile. Huelgan comentarios...

tendenciosa y perniciosa de la Constitución y de la democracia. Octavo, una elevada tasa de *movilidad geográfica,* consecuencia de los traslados profesionales (por ascensos, diplomas, etc.), que a menudo impide el arraigo local, forzando una relación social muy profesional.

Este aislamiento del militar es tan grande, que a veces le hace desconocer en forma exagerada la realidad de la sociedad nacional. Por ejemplo, en Cataluña, donde, como es sabido, el idioma catalán se habla constantemente, de tal forma que la mayoría de los inmigrantes lo hablan al poco tiempo de llegar o al menos lo entienden, durante la dictadura los militares a menudo no lo llegaban a entender, incluso después de vivir allí varios años.

LA RESPONSABILIDAD DE UCD: SU DEBILIDAD E INOPERANCIA

Cuando en 1977 llegó la democracia, a muchos militares, que creían sinceramente que el franquismo era bueno y deseado por la mayoría de los españoles, el mundo se les vino abajo... Si UCD hubiese tenido un mínimo de habilidad, habría aprovechado la situación de desconcierto para explicar al estamento militar lo que era la democracia, que se es tan buen español siendo de izquierdas como siendo de derechas, que las autonomías no significan peligro alguno para la unidad de España, entre otras cosas porque la mitad de los países del mundo, y algunos tan importantes como Estados Unidos o Alemania, tienen una estructura federal, que va mucho más allá que la de las autonomías, etc. Pero UCD no hizo prácticamente nada. En las Cortes se aprobaron algunos proyectos de ley que permitieron dar algún paso adelante, no «gracias a» UCD, sino «a pesar de» UCD. Concretamente, para la ley militarmente más importante, la Ley Orgánica de las Fuerzas Armadas, el gobierno presentó el mismo proyecto que ya presentara Díez Alegría en vida de Franco. No hace falta decir que hubo que realizar amplias modificaciones, pero que, aun así, el resultado fue un ley «floja», sobre todo si se compara con las análogas anteriores.[34] En cuanto al Código de Justicia Militar, cuya reforma se pactó en la Moncloa, estuvo

34. Fundamentalmente, la ley constitutiva de 9 de junio de 1821, elaborada durante el Trienio Liberal, en el que como es sabido estaba vigente la Constitución de 1812, y la ley constitutiva de 29 de noviembre de 1877 (*Gazeta* del día 30), aprobada reinando Alfonso XII y estando vigente la Constitución de 1876 o Constitución de la Restauración. Esta ley constitutiva fue retocada el 19 de julio de 1889, siendo regente María Cristina. Por último, la ley de bases de 29 de junio de 1918 tiene la misma categoría, pese al distinto nombre. Estas cuatro leyes abordan los temas de defensa y los resuelven, acertadamente o no. La actual ley orgánica ni aborda problemas ni da soluciones. Es una ley totalmente inútil: aunque no se hubiese promulgado, todo seguiría igual. Por otra parte, hace falta tener valor para someter a unas Cortes democráticas el mismo proyecto que ya le había presentado a Franco el teniente general Díez Alegría.

congelado en las Cortes durante casi dos años,[35] y algunos aspectos progresivos que inicialmente tenía el proyecto fueron enmendados por la propia UCD que, además, se empeñó en reducirlo a una minirreforma que permitiera resolver el problema que creaban los procesos de Pilar Miró, Miguel Ángel Aguilar, etc. Por último, las Ordenanzas quedaron mejoradas gracias a las aportaciones de la oposición, que a través de 49 enmiendas logró introducir, entre otros temas básicos, el respeto a la Constitución. Sin embargo, estas acciones legislativas prácticamente no repercutieron en los cuarteles, por lo que comenzó a crearse cierta tensión entre una sociedad civil en evolución, democrática, y unas Fuerzas Armadas que se habían desarrollado en el útero franquista, y en las que, como dijo su JEME: «Aquí no ha cambiado nada», fundamentalmente porque UCD no hizo nada para readaptarlas.

Cuando comenzaron a producirse las manifestaciones de indisciplina, consecuencia lógica de la tensión

35. Los Pactos de la Moncloa se firmaron a finales del 77. Sin embargo, el proyecto de ley de reforma del Código de Justicia Militar no aparece en el *BO de las Cortes* hasta el 15 de noviembre del 78, y la publicación de la ley ya aprobada, en el *BOE*, no se realiza hasta 1981. Tres años y medio para elaborar una ley que ha batido el récord de lentitud legislativa. En cierta ocasión, como no había forma de sacar la ley del atasco en que se encontraba y empezar las reuniones de la ponencia, fui a ver a Pío Cabanillas para que, como presidente de la comisión de justicia, echase una mano. Al día siguiente se acercó a mi escaño y, cogiéndome del brazo, recuerdo que me dijo: «¡Tenía usted razón, hay una mano negra!» Claro que cuando surgieron los problemas de Pilar Miró y Miguel Ángel Aguilar, las dificultades se convirtieron en prisas.

citada (creo que la primera fue la de Menéndez Vives, el capitán de navío que con Tejero entró en el hemiciclo, y que ya en 1977 contestó a Gutiérrez Mellado en un entierro), el gobierno o, si se prefiere, sus ministros de Defensa, reaccionaron con una debilidad, con una blandenguería que dejó sorprendida a toda la colectividad militar, e hizo que los militares ultras se fuesen creciendo y provocasen cada vez más incidentes. Un día un comandante del Alto Estado Mayor se negó a darle la mano a Suárez; después, otro comenzó a fabricar bolígrafos pistola para Fuerza Nueva; en el entierro del general Ortín parece ser que se escapó algún golpe contra la espalda de Gutiérrez Mellado; en Pamplona, Basauri y Rentería hubo motines; en Málaga, Tejero atacó una manifestación autorizada provocando los consiguientes tumultos; en la universidad de Tenerife pasó algo parecido..., y en todos los casos estos graves sucesos fueron sancionados en forma ridícula por una autoridad débil, tremendamente débil. Y llegó el intento golpista del general Torres, que al despedirse de su división fue largamente ovacionado, mientras Miguel Ángel Aguilar, por denunciar algo que después ha resultado cierto, era procesado. La Galaxia, que protagonizó Tejero, mereció una sentencia mínima del Consejo Supremo de Justicia Militar, y los insultos del general Atarés a Gutiérrez Mellado un arresto mínimo.

Y mientras tanto, las raras voces militares demócratas, que hablaban en favor de la Constitución, de la democracia o, simplemente, de la reconciliación entre los españoles, eran duramente acalladas: recordemos el procesamiento del coronel de Estado Mayor Álvaro Graíño (y recordemos que no se procesará a los guardias civiles que entraron con armas en el Congreso); recordemos al comandante Monge, arrestado y separado de su cátedra en la Escuela de Estado Mayor; al comandante Perinat, con cinco meses de castillo por un comentario periodístico sobre la Sanidad Militar; al capitán Pitarch, que pasó medio año en un castillo por hacer unas declaraciones —en mi opinión correctas— a *Interviu*; y, por fin, las reiteradas negativas a la amnistía de la UMD, cuando es de público conocimiento, dentro de todo el Ejército, que la UMD jamás pensó en dar golpes de Estado, que era una organización cuya única finalidad era hacer proselitismo de la ideología democrática dentro de las Fuerzas Armadas, fundamentalmente porque nosotros no queríamos que al morir el dictador se forzase al Ejército a tirar contra el pueblo. Porque nosotros no queríamos que se llegase a situaciones como la que han protagonizado los golpistas, y en las que la sangre no ha corrido por puro milagro.

En resumen, durante estos años de transición ha habido dos sistemas de pesos y medidas dentro de las Fuerzas Armadas: uno de gran rigor y dureza para los demócratas y otro de debilidad, connivencia o lenidad para los enemigos del Rey y la Constitución. Y eso es lo que nos ha hecho llegar a donde hemos llegado. Porque *el militar desprecia la debilidad y valora y respeta la energía y la dureza,* y con sus actuaciones blandas, bondadosas o débiles, el gobierno y sus ministros de Defensa han dejado repudrir *la disciplina, que es el tuétano y la esencia de las Fuerzas Armadas y comienza con la obediencia al Rey y a la ley,* y especialmente a la superley de la que todas derivan, que es la Constitución. Por ello, el artículo 34 de las Ordenanzas Militares dice que *ningún militar está obligado a obedecer* órdenes que entrañen la ejecución de actos que sean manifiestamente contrarios a las leyes, en particular —dice la Ordenanza— *contra la Constitución,* y concluye: «En todo caso, asumirá la *responsabilidad* (militar, pero también penal, obviamente) de sus actos.» En efecto, la obediencia al jefe militar deriva de que la persona con galones o estrellas las ha recibido de la nación, que tiene en la Constitución su carta magna, su formulación jurídica concreta.

LAS CAUSAS EXÓGENAS: EL TERRORISMO, EL MIEDO A LAS AUTONOMÍAS Y LA FALTA DE CRÍTICA DEL FRANQUISMO

A todos estos hechos internos de las FAS hay que añadir algunos externos a ellas, que las han llevado a una situación emocional de crispación. La primera es la actitud criminal del terrorismo de ETA. Porque no hay

Hoy España es monárquica gracias a un rey prudente y demócrata —Juan Carlos I— que ha sabido hacer ver a los españoles la utilidad de la monarquía constitucional.

ninguna colectividad humana que pueda soportar indefinidamente el asesinato de sus miembros, entre otras cosas por un lógico instinto de conservación. Si cualquier pueblo o ciudad de España de unos 60 000 habitantes [36] hubiese sufrido los asesinatos que ha sufrido la Guardia Civil, y al ritmo que ella los ha sufrido, estaría despoblado. Porque nadie puede vivir bajo el terror de la muerte indiscriminada. Y a eso hay que añadir las injurias diarias que sus mujeres y sus hijos han tenido que sufrir en el Norte. Ésta es, pues, una de las principales causas de la crispación y del golpe. Y es que, de hecho, los terroristas, aunque proponiéndose lo contrario, han estado y están ayudando a los fascistas, porque éstos son los resultados objetivos, con independencia de su voluntarismo político.

Otro hecho que crispa a algunos militares es el separatismo. Cuando un diputado de Herri Batasuna, que no se ha incorporado al Parlamento, pero que goza de una intolerable inmunidad parlamentaria (ya que de hecho no es diputado, aunque lo sea de derecho), dice que está en guerra con España o que desea destruir España, o alguna barbaridad semejante, está irritando a muchos millones de españoles y produciendo una gran crispación en los cuarteles. Ciertamente, estas manifestaciones son excepcionales, y lo que se podría calificar como separatismo, secesionismo o independentismo, es realmente infrecuente, salvo quizá en algunos sectores vascos. Lo que ocurre aquí es que

36. Utilizo una cifra equivalente a los efectivos de la Guardia Civil.

cierta prensa ultra, como *El Alcázar*[37] o *El heraldo*, manipula los hechos y presenta a sus lectores (entre los que hay muchos militares) a las comunidades autónomas como intentos de destruir la unidad de España, lo cual es una cínica y descarada mentira, pero esa prensa actúa así, con la evidente intención de propiciar el golpe de Estado, de incitar a él, de provocarlo.

Otros hechos que aumentan la crispación del militar medio, como también del civil medio, son las huelgas de los servicios públicos (con lo cual no digo que estos servicios no tengan derecho de huelga ni tampoco que no la hagan, pero sí que sepan las consecuencias de la misma), porque si el militar no puede coger el metro, no tiene gas en su casa y ve montones de basura en la ciudad, y dado que no ha tenido una adecuada formación política y nadie le ha explicado por qué el derecho de huelga debe existir, no entiende lo que ocurre y tiene una sensación de desgobierno que le hace decir aquello de «con Franco vivíamos mejor», sin darse cuenta de que el conductor o el basurero ahora pueden lograr un sueldo digno gracias a la huelga y antes no podían hacerlo. Y como el conductor o el basurero, todos los trabajadores, que son la mayoría de los españoles.

También ayuda a crear unas condiciones que propician la intervención militar el general desgobierno de UCD, la inestabilidad de sus gobiernos que no cum-

37. A fines de junio de 1975, Milans del Bosch fue nombrado presidente del Consejo de administración de *El Alcázar*. Otros miembros del consejo eran Girón y Valero Bermejo.

plen el año, su incapacidad para resolver todo tipo de problemas, desde la crisis económica y la inflación a los problemas exteriores, como la pesca, la integración en la CEE, etc., etc.

Por último, en España aún no se ha hecho una crítica pública y amplia de los errores del franquismo, tal como se hizo en Alemania e Italia al caer el fascismo, o en Rusia y China tras las muertes de Stalin y de Mao. En consecuencia, la versión oficial del franquismo, apologética y triunfalista, exaltadora de aciertos y silenciadora de errores, sobrevive al propio dictador, manteniendo la versión que de su sistema dio él mismo. Y así, ocurre ahora en España lo que ocurrió en Francia tras la muerte de Napoleón: se produjo una mitificación del dictador que permitió, a la larga, el restablecimiento del Imperio con Napoleón III. Y aunque las distancias entre Napoleón y Franco son más que notables, el papanatismo de los seguidores de este tipo de líderes es parecido. Actualmente, en España, las calles a él dedicadas continúan siendo legión, estatuas de Franco permanecen en lugares públicos (a veces incluso en ciudades con alcaldes de izquierdas), y en los despachos oficiales, y más especialmente en los militares, los bustos y retratos de Franco suelen tener más tamaño o más realce que los del Rey. Las librerías están llenas de libros en los que se analiza el franquismo desde una visión favorable al mismo.[38]

38. La editorial Planeta bate el récord en este sentido. Veamos algunos títulos que han sido casi *bestsellers*: *Viva Franco, con*

La izquierda critica y ataca sistemáticamente la actual democracia, olvidando que su deber en el momento presente sería hacer la obra intelectual y sistemática de mostrar al mundo, y más especialmente al pueblo español, los errores del franquismo, pues durante la dictadura la falta de libertad impidió realizar esta tarea, que sigue sin hacerse. Nadie señala la cuota de responsabilidad que puede corresponderle a Franco por haber desencadenado una guerra que costó 450 000 muertes, por haber dirigido una represión después de la contienda, que alcanzó los cien mil fusilados (cinco veces más que las víctimas de Pinochet); nadie recuerda el descenso de la renta per cápita, el hambre angustiosa de los diez primeros años, mientras se despilfarraba el dinero como consecuencia de una política económica autárquica y enloquecida; nadie recuerda ya los 300 000 funcionarios civiles y 5 000 militares depurados, expulsados de sus Cuerpos; [39] los largos años en las prisiones, las palizas, las torturas, la represión sexual, el atenazamiento de la cultura, el genocidio cultural de todo lo que no fuera castellano parlante, la persecución de los heterodoxos religiosos, la

---

perdón, de Vizcaíno Casas; *Nosotros los Franco* de Pilar Franco; las *Memorias* de su primo el general Franco Salgado; las de su nieto-yerno Jimmy, los libros sobre su hermano Ramón, etc.

39. GARCÍA ABAD y CARMEN ARREDONDE: «Purga de funcionarios». *Historia internacional.* Números 6 y 7, año 1975. Se depuró al 80 % de los maestros nacionales, al 70 % de los empleados de correos y telégrafos y al 40 % del global del Ministerio de Gobernación. Sobre las cifras de presos y fusilados léase la nota 45 bis del epígrafe «El 18 de julio de 1936», p. 118.

exaltación de figuras totalmente desleznables como la de Hitler, la manipulación de la historia y las ciencias sociales, que nos hizo negar el evolucionismo y desconocer totalmente la mayoría de las ideologías de nuestro tiempo, etc., etc.

En resumen, se ha votado una amnistía para los delitos de la derecha y de la izquierda. Pero la derecha fascista, que nunca tuvo conciencia de haber cometido delito alguno, sigue sin tenerla, y ahí reside uno de los aspectos graves que se desea resaltar. Porque si el régimen fascista era correcto, si no acumulaba errores y sufrimientos sobre los españoles, ¿por qué no quererlo? ¿Por qué no hacer lo posible por reimplantarlo? ¿Por qué no repetir un 23 de febrero lo que se hizo un 18 de julio? Y ahí está la clave del asunto; ahí está la gran omisión y la cuota de responsabilidad política en la que todos incurrimos en alguna medida, pero —en mi opinión personal— especialmente los intelectuales, que después de haber luchado con denuedo desde sus cátedras y diarios contra la dictadura, ahora parecen creer que el pueblo llano conoce los errores de la misma, como ellos. Y la gran mayoría del pueblo tiene menos de 50 años, y no sabe, porque no recuerda, lo que aquí pasó en los primeros años de la dictadura, en los años de la gran represión.

PRIMER PERÍODO DE PRONUNCIAMIENTOS (1814-1886)

	año	pronunciamiento	empleo del jefe	lugar
Fernando VII	1814	Elío	Cap. general	Valencia
	1814	Mina	Mariscal	Pamplona
	1815	Porlier	General	Galicia
	1816	Richart	Comisario de guerra	Madrid
	1817	Lacy	Tte. general	Caldetas (Barna.)
	1819	Vidal	Coronel	Valencia
	1820	Quiroga y Riego	Jefes	Cabezas de S. Juan
	1822	Fdez. de Córdoba	Oficial	Madrid
	1824	Capapé	Brigadier	Zaragoza
	1824	Valdés	Coronel	Tarifa
	1825	Bessières	Mariscal	Getafe
	1826	Hermanos Fernández Bazán	—	Alicante
	1830	Torrijos	General	Málaga
	1830	Mina	Mariscal	Pirineo
Regencia de María Cristina	1834	Llauder	Cap. general	Barcelona
	1834	Quesada	Cap. general	Madrid
	1835	Cayetano Cardero	Oficial	Madrid
	1835	Quesada	Cap. general	Madrid
	1836	García, Gómez y Lucas	Sargentos	La Granja
	1836	Boil	Comandante	Valencia
	1838	Fdez. de Córdoba	General	Sevilla
Regencia de Espartero	1841	O'Donnell, Concha, Pezuela, Narváez, etcétera	Generales	Madrid y Zaragoza
	1843	Prim y Narváez	Generales	Reus y Valencia

clase de pronunciamiento	color político	resultado
oacción incruenta	Absolutista	Éxito. Absolutismo
lásico	Liberal	Fracaso. Huyó a Francia
lásico	Liberal	Fracaso. Ahorcado
ecuestro Rey	Liberal	Fracaso. Ahorcado
lásico	Liberal	Fracaso. Fusilado
lásico	Reponer a Carlos IV	Fracaso. 15 ahorcados
lásico	Liberal	Éxito. Trienio liberal
lásico	Absolutista	Fracaso
lásico	Absolut. (Ultra)	Fracaso. Absuelto
esembarco	Liberal	Fracaso
lásico	Absolut. (Ultra)	Fracaso. Fusilado con 8 jefes y oficiales
esembarco	Liberal	Fracaso. Ahorcados
esembarco	Liberal	Fracaso. 32 fusilados
nvasión	Liberal	Fracaso
oacción incruenta	Lib. moderado	Fracaso
oacción incruenta	Lib. moderado	Éxito. Estatuto Real de 1834
lásico	Liberal	Éxito, pero sin consecuencias políticas
omplejo	Liberal	Éxito. Ministerio Mendizábal
lotín de sargentos	Liberal	Éxito. Constitución de 1837
lásico	Liberal	Fracaso
omplejo	Complejo	Fracaso. Huyen a Francia
lásico	Moderados	Fracaso. Fusilamiento de 5 generales (Montes de Oca, Diego León, Borso di Carminati...) y 200 oficiales
lásico	Coalicionistas (Moderados y progresistas)	Éxito. Isabel II mayor de edad

	año	pronunciamiento	empleo del jefe	lugar
Isabel II	1844	Pantaleón Bonet	Oficial	Alicante y Cartagena
	1844	Varios		Maestrazgo
	1844	Zurbano	General	Navarra
	1846	Miguel Solís	Comandante	Galicia
	1848	José Fulgosio	General	
	1854	Hore	Brigadier	Zaragoza
	1854	O'Donnell y Dulce	Generales	Vicálvaro
	1860	Ortega	Cap. general	Baleares
	1860	Sixto Cámara	Jefe Milicias	
	1864	Rgto. de Saboya		
	1865			Pamplona y Valencia
	1866	«Insurrección de Villarejo»		Alrededores de Madrid
	1866	Hidalgo	Capitán	Cuartel de San Gil
	1867	Moriones	Coronel	
	1867	Serrano y Prim	Generales	Puente de Alcolea (Córdoba)
Interregno	1873	Artillería	Oficiales	
	1873	Oficiales		
	1874	Pavía	Cap. general	Madrid
	1874	Martínez Campos	General	Sagunto
Restauración	1883	Serafín Asensio	Tte. coronel	Badajoz
	1884	Ferrándiz	Comandante	Sta. Coloma (Gerona)
	1885	Casero	Sargento	Cartagena
	1886	Villacampa	Brigadier	Madrid

clase de pronunciamiento	color político	resultado
ásico	Progresista	Fracaso. 24 fusilados
ásico	Carlista	Fracaso. Los venció el general Vilallonga
ásico	Liberal	Fracaso. Fusilado con sus dos hijos
ásico	Progresista	Fracaso. 12 oficiales fusilados
ásico	Progresista	Fracaso. Varios fusilados
ásico	Progresista	Fracaso. Murió en el combate
ásico	Moderados y progresistas	Éxito. Ministerio de Espartero
ásico	Carlista	Fracaso. Fusilado
ásico	Republicano	Fracaso
ásico	Contra Isabel II	Fracaso
ásico	Contra Isabel II	Fracaso
ásico	Contra Isabel II	Fracaso
ɔtín de sargentos	Contra Isabel II	Fracaso. Fusilados 66 sublevados
ásico	Contra Isabel II	Fracaso
ásico	Contra Isabel II	Éxito. Cae la Monarquía
ante	Conservador	Disolución del Arma
ante	Corporativista	Éxito. Ley de 9 de agosto sobre la pena de muerte
alto del Congreso	Antirrepublicano	Éxito. Fin de la República
ásico	Monárquico	Éxito. Restauración de la Monarquía
ásico	Republicano	Fracaso. Huyen a Portugal
ásico	Republicano	Fracaso. Fusilados sus jefes
ásico	Republicano	Huyó a Orán
ásico	Republicano	Fracaso. Cadena perpetua

SEGUNDO PERÍODO DE PRONUNCIAMIENTOS (1923-193

	año	pronunciamiento	empleo del jefe	lugar
Dictadura	1923	Primo de Rivera	Tte. general	Barcelona
	1926	Segundo García	Cor. laureado	Valencia
	1926-1929	Artillería		Segovia
	1929	Sánchez Guerra	Ex ministro	Valencia
	1930	Galán	Capitán	Jaca
	1930	Queipo y R. Franco	Gral. y jefe	Cuatro Vientos
República	1932	Sanjurjo	General	Madrid y Sevilla
	1936	Mola y Sanjurjo	Generales	

clase de pronunciamiento	color político	resultado
Clásico	Pro Dictadura	Éxito
Clásico	Constitucionalista	8 años de prisión
Plante		Disolución del Arma
Desembarco	Constitucionalista	Fracaso
Clásico	Pro República	Fusilado
Clásico	Pro República	Huyeron
Clásico	Monárquico	Cadena perpetua
	Antirrepublicano	Guerra civil

Índice onomástico

Las cifras en cursiva remiten a las ilustraciones

COLECCIÓN TEXTOS

Títulos publicados:

1/António de Spínola
PORTUGAL Y EL FUTURO

2/Eduardo Haro Tecglen
DICCIONARIO POLÍTICO

3/Manuel Muñoz Hidalgo
CÓMO FUE MIGUEL HERNÁNDEZ

4/Víctor Alba
CATALUÑA DE TAMAÑO NATURAL

5/Manuel Fraga Iribarne
LAS LEYES

6/León Trotski
LA REVOLUCIÓN DE 1905

7/Antonina Rodrigo
GARCÍA LORCA EN CATALUÑA

8/Dino Biondi
EL TINGLADO DEL DUCE

9/Luis Gasca
CINE Y CIENCIA-FICCIÓN

11/Ricardo de la Cierva
CRÓNICAS DE LA TRANSICIÓN

12/Antonio Cascales y Juan José Folguerá
LOS HIJOS DEL CRAC

13/Francisco Umbral
MIS MUJERES

14/Emilio Romero
PRÓLOGO PARA UN REY

15/Víctor Alba
EL FRENTE POPULAR

16/Josep Vilaró, Xavier Vilaró
DICCIONARIO RELIGIOSO PARA LOS HOMBRES DE HOY

17/Claudio Sánchez-Albornoz
ANECDOTARIO POLÍTICO

18/Ramón Tamames
¿ADÓNDE VAS, ESPAÑA?

19/Antonio Padilla Bolívar
EL MOVIMIENTO ANARQUISTA ESPAÑOL

20/María Angustias Moreno
EL OPUS DEI. ANEXO A UNA HISTORIA

21/Ricardo de la Cierva
CRÓNICAS DE LA CONFUSIÓN

22/Ignacio Iglesias
LA FASE FINAL DE LA GUERRA CIVIL

23/Claudio Sánchez-Albornoz
SIETE ENSAYOS

24/Carlos Rojas
RETRATOS ANTIFRANQUISTAS

25/Emilio Romero
CARTAS PORNOPOLÍTICAS

26/Víctor Alba
LOS SEPULTUREROS DE LA REPÚBLICA

27/Manuel Fraga Iribarne, Rafael Rodríguez-Moñino
LOS FUNDAMENTOS DE LA DIPLOMACIA

28/Sergio Vilar
CARTA ABIERTA A LA OPOSICIÓN

29/Ramón Salas Larrazábal
PÉRDIDAS DE LA GUERRA

30/Ramón Tamames
UN PROYECTO DE CONSTITUCIÓN ESPAÑOLA

31/Pedro J. Ramírez
ASÍ SE GANARON LAS ELECCIONES

32/Antonio Padilla Bolívar
EL MOVIMIENTO SOCIALISTA ESPAÑOL

33/Carlos Marx, Federico Engels
ESCRITOS SOBRE ESPAÑA

34/Manuel Fraga Iribarne
LOS NUEVOS DIÁLOGOS

35/Emilio Romero
EL DISCRETO IMPERTINENTE

36/Víctor Alba
LA OPOSICIÓN DE LOS SUPERVIVIENTES (1939-1955)
37/José Luis Alcocer
RADIOGRAFÍA DE UN FRAUDE
38/Llibert Ferri, Jordi Muixí, Eduardo Sanjuán
LAS HUELGAS CONTRA FRANCO
39/Ramón Tamames
EL SOCIALISMO INEVITABLE
40/Manuel Fraga Iribarne
LA CRISIS DEL ESTADO ESPAÑOL
41/Víctor Alba
HISTORIA DE LA RESISTENCIA ANTIFRANQUISTA (1939-1955)
42/Joan Oliver, Joan Pagès, Pelai Pagès
LA PRENSA CLANDESTINA. PROPAGANDA Y DOCUMENTOS ANTIFRANQUISTAS (1939-1956)
43/Manuel Fraga Iribarne
LA CONSTITUCIÓN Y OTRAS CUESTIONES FUNDAMENTALES
44/Ramón Garriga
RAMÓN FRANCO, EL HERMANO MALDITO
45/Ángel Pestaña
TERRORISMO EN BARCELONA (MEMORIAS INÉDITAS)
46/Juan Zafón Bayo
EL CONSEJO REVOLUCIONARIO DE ARAGÓN
47/Manuel Fraga Iribarne
DESPUÉS DE LA CONSTITUCIÓN, Y HACIA LOS AÑOS 80
48/Ramón Garriga
LA SEÑORA DE EL PARDO
49/Emilio Romero
CRÓNICAS MALDITAS
50/Javier Rubio
ASILOS Y CANJES DURANTE LA GUERRA CIVIL ESPAÑOLA
51/Antonio Padilla Bolívar
EL MOVIMIENTO COMUNISTA ESPAÑOL
52/José Ramón Lasuén
LA ESPAÑA MEDIOCRÁTICA
53/Federico Silva Muñoz
LA TRANSICIÓN INACABADA
54/Ramón Garriga
NICOLÁS FRANCO, EL HERMANO BRUJO

55/Josep Maria Figueras
DE «EL CAPITAL» AL CAPITALISMO
56/Manuel Fraga Iribarne
IDEAS PARA LA RECONSTRUCCIÓN
DE UNA ESPAÑA CON FUTURO
57/Claudio Sánchez-Albornoz
DEL AYER Y DEL HOY DE ESPAÑA
58/Antonio Burgos
LIBELO CONTRA MADRID
59/Salvador Vázquez de Parga
LOS COMICS DEL FRANQUISMO
60/Ángel Palomino
MIS CARTAS A SU MAJESTAD
Y A OTROS PERSONAJES IMPORTANTES
61/Ramón Garriga
LOS VALIDOS DE FRANCO
62/Emilio Romero
MIS VERSOS SECRETOS Y PROSAS CANALLAS
63/Manuel Fraga Iribarne
EL DEBATE NACIONAL
64/Helmut Schmidt
UNA POLÍTICA PARA LA PAZ
65/Víctor Alba
LOS CONSERVADORES EN ESPAÑA
66/Manuel Fraga Iribarne
EL PENSAMIENTO CONSERVADOR ESPAÑOL
67/Salvador Vázquez de Parga
LOS MITOS DE LA NOVELA CRIMINAL
68/Julio Busquets
PRONUNCIAMIENTOS Y GOLPES DE ESTADO EN ESPAÑA